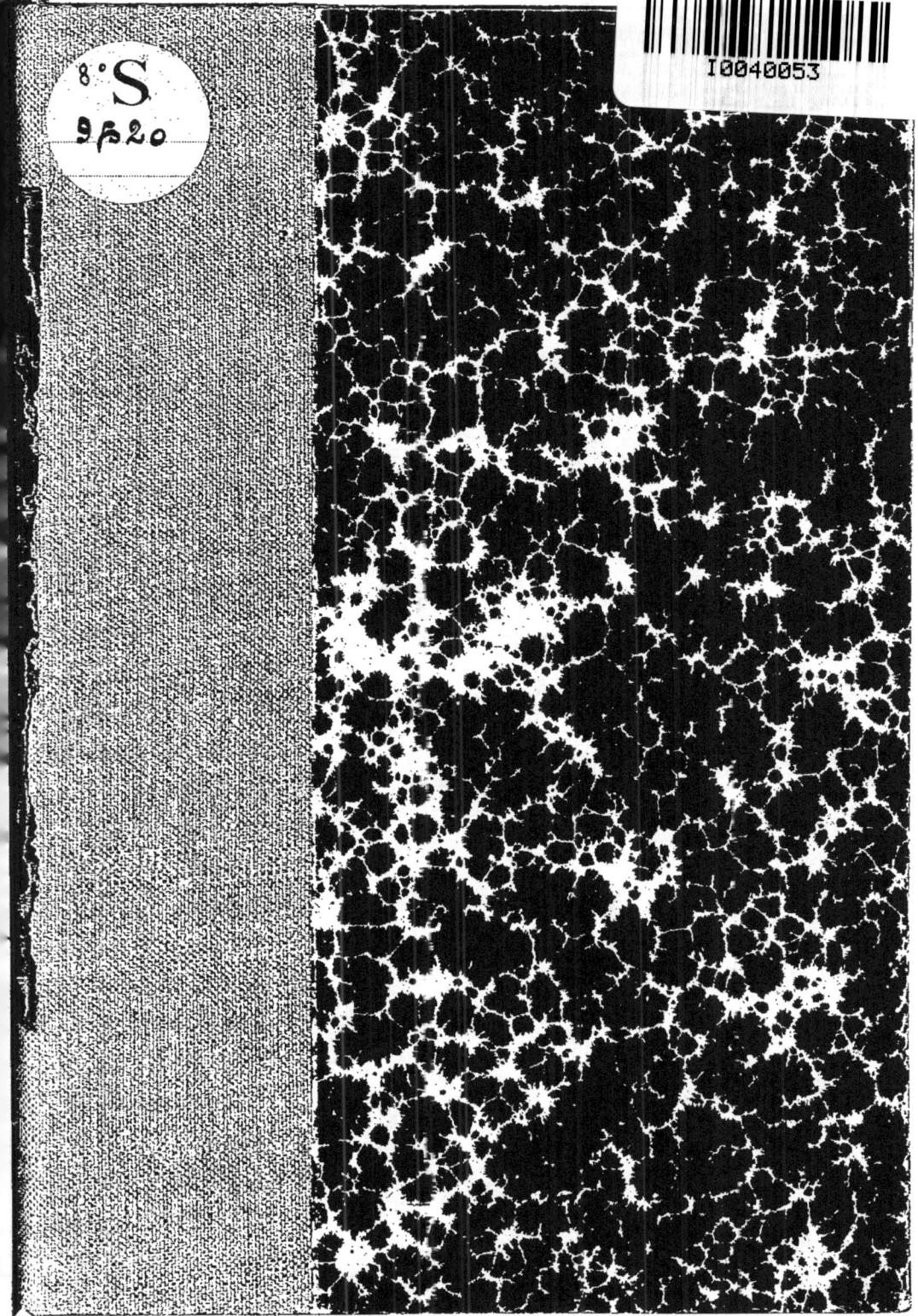

BARASTELL

ÉTUDE

SUR

LE CRÉDIT AGRICOLE

PAR

Louis DOP

PARIS

LIBRAIRIE NOUVELLE DE DROIT ET DE JURISPRUDENCE

ARTHUR ROUSSEAU, ÉDITEUR

14, RUE SOUFFLOT ET RUE TOULLIER, 13

1897

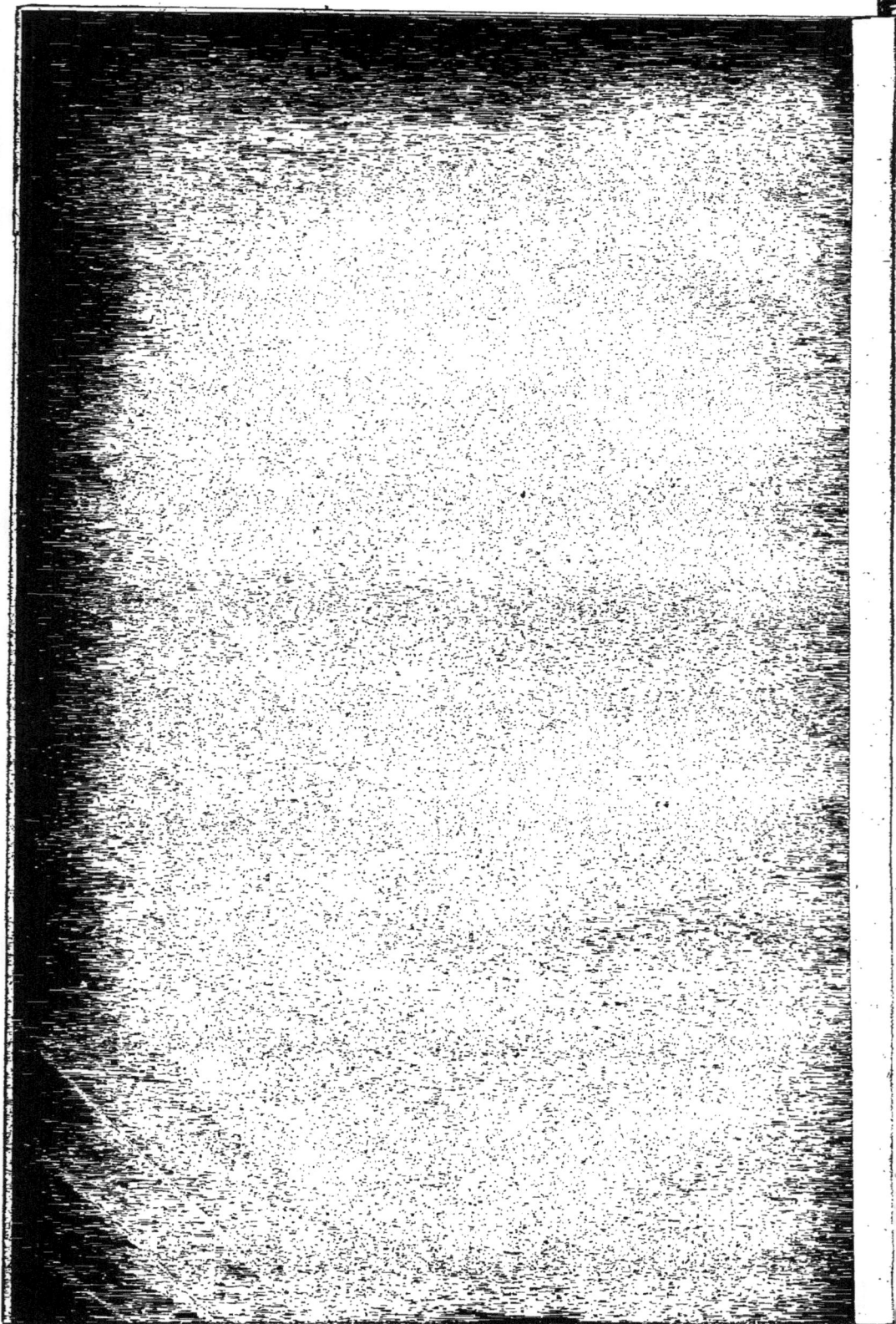

ÉTUDE

SUR

LE CRÉDIT AGRICOLE

ÉTUDE

SUR

LE CRÉDIT AGRICOLE

PAR

Louis DOP

PARIS

LIBRAIRIE NOUVELLE DE DROIT ET DE JURISPRUDENCE

ARTHUR ROUSSEAU, ÉDITEUR

14, RUE SOUFFLOT ET RUE TOULLIER, 13

—

1897

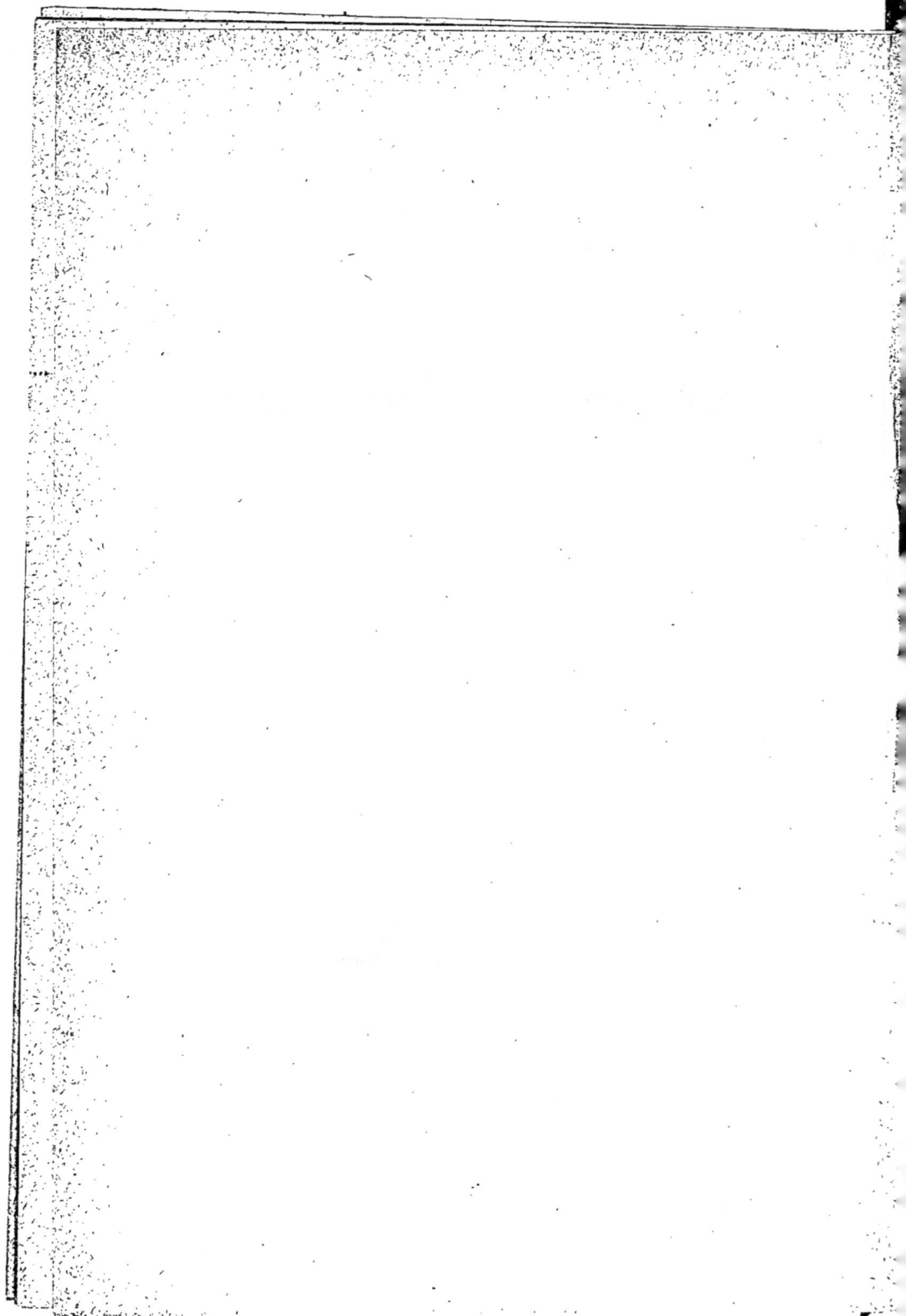

PRÉFACE

Si la nouveauté doit être tenue pour un mérite, nous devons convenir que ce n'est pas par là que se recommande notre étude sur le crédit agricole. Il serait, en effet, difficile aujourd'hui, de prétendre à quelque originalité sur un sujet où tout a été dit et a été excellemment dit. C'est ainsi qu'un économiste étranger a pu dire que : « pour l'étude du crédit agricole, la France a été le cerveau de l'Europe. On peut admirer le zèle et la sollicitude avec lesquels les gouvernements qui se sont succédé ont examiné le problème, — la fécondité d'invention des auteurs de projets, puisque les moyens, plans et systèmes proposés dépassent le chiffre de deux cents, — et la tenace persévérance de certains défenseurs de l'Agriculture, qui ont patiemment ouvert la voie à l'opinion publique. »

Aussi notre intention n'est-elle pas d'ajouter une unité à la série déjà si nombreuse des études, quelques-unes remarquables, qui ont été publiées sur cette matière. Notre idée première était de présenter un système d'organisation pratique du crédit agricole par le Crédit Foncier, mais c'était donner à notre modeste étude un développement et une portée, qui s'accommodaient mal du peu de temps dont nous disposions et du cadre étroit d'un travail d'élève.

Nous voulons nous borner ici à essayer de donner une forme nouvelle à des idées anciennes, à présenter un résumé critique, une sorte de synthèse de toutes les recherches et des lectures que nous avons dû faire, pour acquérir une notion exacte et réfléchie de la question si complexe du crédit agricole, au point de vue des principes économiques qui la régissent et des réformes préalables qu'il nous semble indispensable d'opérer dans notre législation, afin d'aboutir à une solution pratique et avantageuse de ce problème resté insoluble jusqu'à nos jours.

Nous n'avons pas la témérité de penser avoir résolu des difficultés que beaucoup et des plus habiles croient insurmontables ; nous avons essayé, de tous nos efforts, de démêler la vérité au milieu des systèmes contradictoires que nous avons examinés, et c'est ce qui nous donne quelque droit à l'indulgence du lecteur pour les pages qui vont suivre.

INTRODUCTION

RAISONS QUI MILITENT EN FAVEUR
DU CRÉDIT AGRICOLE.

Il y a quelques années, la commission de la Chambre des députés espagnole, dans son rapport sur le Crédit agricole, s'exprimait en ces termes :

« Comme l'agriculture constitue la première industrie de la nation, et qu'elle fait vivre l'immense majorité de ses habitants, comme la consommation des classes agricoles est presque l'unique marché des produits de toutes les autres, son malaise est une *calamité* qui doit attirer l'attention de tous ceux qui ont la charge du gouvernement. »

Il est cependant certains esprits pour lesquels ce malaise agricole est imaginaire et pour lesquels la question du crédit agricole n'existe pas ; ils nient ou atténuent l'importance de ce problème, pour eux né d'hier, et qui néanmoins, depuis cinquante ans, préoccupe à si juste titre non seulement les États étrangers, mais aussi les législateurs et les gouvernements qui se sont succédé en France.

Certes, ils ne vont pas jusqu'à nier l'importance de l'industrie agricole. Celle-ci ne l'emporte-t-elle pas, en

effet, sur toutes les industries par la valeur de ses produits, par la masse des capitaux qu'elle met en œuvre,
par le chiffre des transactions qu'elle provoque, par le
nombre des bras qu'elle occupe, par l'importance so-
ciale et politique des questions qui s'y rattachent !

N'est-elle pas aussi un excellent marché pour les produits de toutes les autres industries ! D'après une statistique que nous empruntons à notre excellent maître,
M. de Foville, tandis que la population industrielle ne
comprend que *neuf* millions de personnes, la population agricole s'élève à *dix-huit* millions, soit 47 pour
100 de la population totale de la France.

N'est-ce pas également l'agriculture qui, par la masse
énorme des capitaux qu'elle met en œuvre, par les ressources immenses qu'elle procure à tous, fait vivre l'immense majorité de la nation ? Tandis, en effet, que la
valeur du produit brut de l'industrie française ne s'élève
qu'à *12 milliards*, le montant des valeurs créées par
l'agriculture dépasse à lui seul *11 milliards*.

D'un autre côté, le capital foncier des parcelles culturales s'élève à *90 milliards*, et une somme de *13 milliards* représente les capitaux d'exploitation, c'est-à-dire
les fourrages, le bétail, les semences, les instruments
agricoles.

Après ces constatations, et à la lecture des chiffres
fantastiques qui dénombrent les ressources énormes
dont jouit l'agriculture, il peut sembler ironique de
faire allusion « à la crise agricole », et quelque scepti-

cisme peut être permis à tous ceux qui refusent toute utilité à l'organisation du crédit agricole. Toutefois, la question est de savoir si la situation de l'agriculture est, en réalité, aussi prospère, aussi satisfaisante que semblent le dénoter les chiffres que nous avons cités. Or, les plaintes incessantes dont sont assiégés les pouvoirs publics de la part des agriculteurs, les enquêtes nombreuses ordonnées par les divers gouvernements qui se succèdent, pour rechercher les causes du malaise dont souffre l'agriculture, tout concorde à reconnaître l'existence d'une crise agricole d'autant plus grave, qu'elle affecte des intérêts et des capitaux se chiffrant par des centaines de millions.

Quelles sont les causes de ce malaise économique, de cette situation désastreuse de l'agriculture qu'on peut comparer à une calamité nationale?

C'est sur ce point que les idées diffèrent notablement, chacun, il faut le reconnaître, cherchant à trouver les raisons de ces maux dans les phénomènes particuliers en vue desquels on a édifié un système spécial. On pourrait presque dire qu'il y a autant de systèmes différents que de maux signalés ou découverts! C'est, à notre avis, une des raisons qui ont empêché jusqu'à ce jour, en France, une organisation pratique du crédit agricole.

Trop d'imagination! trop de systèmes tout faits! voilà encore un mal qu'on peut ajouter à tous ceux dont se plaint l'agriculture.

Il est cependant certains faits que tous les auteurs s'accordent à reconnaître comme étant les facteurs principaux de la crise agricole.

En premier lieu, ce sont les progrès relativement peu sensibles de l'agriculture, à côté des immenses développements de l'industrie.

Aucun obstacle ne s'oppose à l'amélioration de celle-ci : ni l'abondance des capitaux à bon marché, ni la division du travail poussée à ses extrêmes limites, ni ses rendements plus que proportionnels aux capitaux employés : tous ces éléments de succès elle les possède, et elle en a profité pour s'accroître indéfiniment. Rien de tout cela n'existe pour l'agriculture. Soumise aux lois de l'espace et du temps, exposée à toutes les influences climatériques, elle est sujette, de plus, au pire de tous les maux pour une industrie : à l'insuffisance des capitaux. C'est, en effet, un fait unanimement reconnu que la rareté du numéraire à la campagne.

Tout l'argent a émigré à la ville, s'est employé dans des industries diverses, et cette insuffisance du crédit dans les campagnes s'est encore aggravée par suite des facilités de placement offertes aux épargnes rurales par les valeurs de bourse et surtout par les caisses d'épargne. Le légendaire bas de laine du paysan tend à passer à l'état de souvenir depuis que l'on a appris, à la campagne, qu'il était plus avantageux de placer son argent que de le laisser dormir. A cette insuffisance des capitaux pour les emplois agricoles, s'ajoutent les dispositions draconiennes de notre législation qui enferment le paysan dans une tutelle gênante, et l'empêchent de recourir au crédit quand cela lui serait avantageux. En outre notre pays est devenu le débouché de pays nouveaux tels que l'Amérique, l'Inde, l'Australie dont les produits agricoles viennent faire chez nous une concurrence sérieuse à nos agriculteurs. Si nous ajoutons à ces souffrances l'élévation constante du prix des salaires, la baisse continue des prix des denrées sur le marché, l'aggravation continuelle des charges fiscales, nous aurons ainsi un tableau complet de toutes les causes qui ont provoqué la crise agricole.

A ces maux est-il possible d'opposer quelques remèdes? Ceux qu'on a déjà proposés sont innombrables, et, nous l'avons déjà dit, chacun invente le système le plus conforme à ses idées, à ses intérêts et aux maux cachés qu'il découvre tous les jours à l'agriculture.

Il n'entre pas dans notre programme d'examiner chacun de ces systèmes ; il nous a semblé cependant que de leur étude se dégagent notamment trois opinions principales :

Premier système : La crise agricole provient de l'insuffisance des capitaux agricoles et la conclusion est qu'il faut procurer aux agriculteurs le capital qui leur fait défaut en leur facilitant le crédit.

Deuxième système : La crise agricole est un problème fiscal, d'où la solution : allègement des charges qui pèsent sur l'agriculture et notamment suppression de l'impôt foncier.

Troisième système : La crise agricole est un problème social. Elle provient de la désertion des campagnes, de l'accaparement des ouvriers agricoles par les industries manufacturières, du dégoût pour le travail des champs ; le mal ne vient pas du dehors, il est dans la maison. Le remède ne peut se trouver que dans la réforme de nos lois successorales, de notre éducation, de nos mœurs. A notre avis, chacun de ces systèmes a sa part de vérité, mais le problème est trop difficile et trop complexe pour dépendre de la solution d'un principe *a priori* et d'un système absolu.

Au lieu de nous engager dans l'examen de ces diverses propositions, il nous a semblé plus utile d'analyser les principes généraux qui, soit au point de vue économique, soit au point de vue législatif, pourront nous servir de base solide pour une étude ultérieure d'une organisation pratique du crédit agricole.

Chercher à donner du crédit à l'agriculture avant d'établir solidement sa solvabilité, ce serait, nous semble-t-il, mettre la charrue avant les bœufs.

ÉTUDE

LE CRÉDIT AGRICOLE

PREMIÈRE PARTIE

SECTION I

PRINCIPES ÉCONOMIQUES SUR LESQUELS REPOSE LE PROBLÈME DU CRÉDIT AGRICOLE.

CHAPITRE PREMIER

DÉFINITION DU CRÉDIT AGRICOLE.

Condillac disait :

« Chaque science demande une langue particulière, parce que chaque science a des idées qui lui sont propres ; il semble qu'on devrait commencer par faire cette langue ; mais on commence par parler et par écrire et la langue reste à faire. » Nous voulons ici éviter ce reproche et essayer de donner une signification précise à cette expression « Crédit agricole », que l'on entend diversement. L'Economie politique ne connaît qu'une sorte de crédit : le crédit en général, c'est-à-dire l'opération qui consiste à mettre des capitaux à la disposition de ceux qui n'en possèdent pas, afin d'en tirer profit. Mais ces capitaux ont des applications diverses, de sorte que le « crédit agricole » doit s'entendre de tout capital emprunté en vue d'un emploi agricole quelconque. Le caractère essentiel du crédit agricole, c'est donc la *destination du capital emprunté*. Au contraire, quand un commerçant demande du crédit, il est présumé emprunter pour son commerce, et quel que soit l'emploi de son emprunt, il aura contracté une dette commerciale avec toutes les conséquences particulières que ce contrat comporte. Sa qualité de commerçant imprime le caractère commercial à cette opération. Ici la nature du crédit est déterminée, non par la destination du capital emprunté, mais par la qualité de l'emprunteur.

Il en est autrement du crédit agricole.

Peu importe ici la qualité de l'emprunteur.

Le capital emprunté s'applique-t-il à un usage agricole ?

Ce sera alors une opération de crédit agricole, qu'elle soit pratiquée ou non par un agriculteur, par un commerçant ou par toute autre personne.

Nous dirons donc que le crédit est agricole toutes les fois que le capital est prêté en vue d'une destination agricole.

CHAPITRE II

Le capital prêté à l'agriculture peut néanmoins présenter deux caractères, qui forment les traits distinctifs du crédit agricole immobilier, ou crédit foncier, et du crédit agricole mobilier.

1° Quand le crédit est fait sur un gage immobilier constitué par l'emprunteur, le crédit prend plutôt le nom de crédit foncier, et alors il est à la fois personnel et immobilier. Il est exclusivement pratiqué par les agriculteurs propriétaires du sol et a pour but principal de réaliser des améliorations foncières permanentes, telles que : travaux de dessèchement, de drainage, de reboisement, acquisition de fonds ruraux.

2° Quand l'emprunteur ne peut offrir en garantie aucun gage immobilier, ce qui est le cas fréquent pour les fermiers et pour les métayers, le crédit est alors purement personnel, car il ne peut reposer que sur la solvabilité personnelle de l'emprunteur, les récoltes et les animaux étant le plus souvent affectés à la garantie du propriétaire du sol.

Son objet, dans ce cas, est d'accroître le capital d'exploitation, et d'être employé à l'achat de semences, d'engrais, de bétail, de machines agricoles. De sorte qu'à ne considérer que le résultat de ces deux sortes de crédit, on pourrait dire :

Le crédit agricole est celui qui a pour objet de satisfaire au capital d'exploitation ;

Le crédit foncier est celui qui est destiné à l'accroissement du capital foncier.

Là ne s'arrêtent pas les différences entre ces deux sortes de crédit :

L'hypothèque et le long terme pour le crédit foncier ; le gage mobilier et le court terme pour le crédit mobilier les distinguent encore, mais ce serait une erreur de croire, comme on se l'imagine communément, que ce sont là leurs caractères essentiels.

C'est, en effet, une opinion assez répandue qu'il existe une différence profonde entre le crédit foncier et le crédit agricole. A notre sens, cette erreur provient de la confusion que l'on fait entre le gage qui sert de garantie à l'emprunt et la destination qui est donnée à cet emprunt. C'est confondre le point de vue juridique et le point de vue économique.

Au point de vue juridique, ce qui distingue le crédit foncier du crédit agricole, c'est la question des garanties offertes par l'emprunteur : dans le crédit foncier, nous sommes en présence d'un immeuble offert par l'emprunteur au prêteur en garantie de sa dette, tandis que dans le crédit agricole, tel qu'on l'entend communément, la seule garantie donnée au prêteur consiste dans la solvabilité personnelle de l'emprunteur, sans gage d'aucune sorte ; l'un prête à la chose, l'autre prête à la personne, sans se préoccuper de l'usage qui sera fait du capital emprunté.

Tout autre est le point de vue économique : ce qui intéresse, en économie politique, c'est l'usage qui est fait du crédit ; c'est, nous l'avons dit, la destination imprimée au capital emprunté. Pour elle, la question de crédit prime la question des sûretés. Peu lui importe que le crédit soit hypothécaire, qu'il soit personnel ou réel ; c'est la direction suivie par les capitaux qui l'intéresse essentiellement, et c'est après l'application qui en sera faite à des usages commerciaux, industriels, agricoles qu'elle pourra dire alors que le crédit est agricole, industriel ou commercial.

Ainsi comprise, la signification du crédit agricole ne nous semble pas indiquer une démarcation aussi nettement tranchée qu'on l'a faite jusqu'à ce jour, entre le crédit agricole immobilier et le crédit agricole mobilier, ou, pour mieux dire, entre le crédit foncier et le crédit agricole proprement dit. Certes, les mots ont leur importance, et elle nous paraît si décisive que nous estimons que la solution du crédit agricole aura fait un grand pas, le jour où l'on se sera entendu sur l'exacte signification de cette expression.

Mais il nous semble qu'on a poussé trop loin la subtilité en s'attachant à faire des distinctions trop nombreuses entre le crédit foncier et le crédit agricole, entre ce qui constitue le crédit agricole et ce qui ne le constitue pas. Il est, selon nous, un critérium qui pourrait servir de base pour faire l'accord de tous sur la portée de l'expression : crédit agricole. Ce serait de s'en tenir à la destination des capitaux empruntés et, par suite, d'entendre le crédit agricole de tous les capitaux empruntés pour un usage agricole *quelconque*, que ces capitaux s'appliquent à des améliorations foncières permanentes ou à l'accroissement des capitaux d'exploitation, que leur garantie réside dans des hypothèques, dans des gages mobiliers ou dans la solvabilité personnelle des emprunteurs.

CHAPITRE III

RELATIONS DU CRÉDIT AGRICOLE AVEC LE CRÉDIT EN GÉNÉRAL.

En 1845, dans une discussion sur l'agriculture, M. Dupin appelait l'organisation du crédit agricole « la *pierre philosophale* » et dans la même séance il ajoutait : « On vous propose des institutions de crédit qu'on appelle crédit foncier, crédit agricole pour le déguiser ; appelez-le *crédit* tout court. »

Et M. Dupin en concluait qu'il n'y avait pas à s'occuper du crédit, mais de vendre ses bœufs, de faire son vin et de récolter son blé.

Là était l'erreur de son scepticisme et de son esprit frondeur, prompt à la négation.

Cette restriction faite, nous sommes volontiers de l'avis de M. Dupin et nous avons déjà dit comme lui : « Il n'y a pas un crédit agricole, il y a le crédit. » Le crédit, a dit A. Dumas, c'est l'argent des autres et cette spirituelle boutade n'est, en effet, que l'exacte confirmation de l'opération qui a lieu, lorsque dans un échange l'une des parties ne reçoit pas immédiatement l'équivalent de ce qu'elle fournit.

Que fait le cultivateur qui se trouve sans capitaux

pour améliorer sa terre ? Il cherche à se procurer l'argent des autres. Il l'obtiendra en promettant de prélever, sur le produit de son travail, une valeur qu'il donnera pour prix du concours que lui fournit son prêteur, pour la privation du capital, pour les risques de non-paiement. Si le capitaliste risque ainsi son argent, c'est qu'il a confiance dans la loyauté et dans la solvabilité du cultivateur, c'est qu'il a la certitude d'être remboursé à l'époque fixée.

Les mêmes considérations qui font accorder du crédit au cultivateur, de la part du prêteur, s'exerceraient de la même façon, si, à la place du cultivateur, un commerçant, un industriel avaient recours au crédit.

Il est donc bien vrai de dire qu'il y a le crédit tout uniment et que le crédit agricole, basé sur la confiance, la valeur morale et la solvabilité inspirées au prêteur par le cultivateur, n'est qu'une des formes du crédit en général.

SECTION II

DU CRÉDIT A ACCORDER A L'AGRICULTURE. BESOINS DE L'AGRICULTURE EN MATIÈRE DE CRÉDIT.

CHAPITRE PREMIER

LE CRÉDIT NATUREL ET LE CRÉDIT ACTUEL DE L'AGRICULTURE.

Quelle est la mesure du crédit auquel l'agriculture peut prétendre, quel est le crédit qu'elle possède en fait? telles sont les deux questions que nous avons à examiner. Mais tout d'abord il nous semble indispensable de bien définir le sens des expressions : capitaux fonciers, capitaux d'exploitation, si souvent employées en matière agricole, puis de comparer entre eux ces deux sortes de capitaux, afin d'en dégager les éléments qui peuvent exercer quelque influence sur l'organisation du crédit agricole.

Le capital foncier est le capital représenté par la valeur du sol lui-même, par ses améliorations et par les bâtiments d'exploitation.

Le capital d'exploitation est celui qui sert à l'utilisation du capital foncier.

Il est représenté par les semences, les engrais, les fourrages, le bétail, les machines et les avances pour fonds de roulement.

Chacun de ces deux capitaux a une importance inégale qui se caractérise dans le tableau suivant (1) :

I : *Capital foncier*.

Eléments	Valeur
Terres, bâtiments : total :	90 milliards

II. *Capital d'exploitation*.

Animaux de trait, bétail.	5.500 millions
Fourrages, aliments.	3.000 —
Avances, fonds de roulement. . .	2.000 —
Instruments, machines, outils. . .	1.400 —
Fumiers	830 —
Semences	530 —
Total.	13.260 millions

Il y a donc une grande inégalité entre les capitaux fonciers et les capitaux d'exploitation ; la proportion entre eux est de 1 à 6. Ce n'est pas la seule particularité qui les distingue ; ils se différencient encore par leur taux de placement.

Tandis que les capitaux fonciers rapportent 3, 4,

(1) Nous empruntons ces chiffres et ceux qui vont suivre au cours de nos distingués professeurs à l'Ecole des sciences politiques : MM. de Foville, membre de l'Institut, professeur de statistique, Daniel Zolla, professeur d'économie rurale.

5 p. 100 au plus, les capitaux d'exploitation voient leur
taux s'élever jusqu'à 10, 12 p. 100 et parfois davantage.
Le rapide exposé que nous venons de faire nous a permis de constater que le travail de l'agriculture s'appli-
que à des valeurs énormes, et leur chiffre seul serait
une réponse péremptoire à ceux qui refusent le crédit
à l'agriculture, sous prétexte que les garanties lui font
défaut. En effet, parmi les motifs qui écartent les prêteurs des agriculteurs, l'un des principaux et des plus
nuisibles consiste à croire, d'abord que les cultivateurs
empruntent dans un but de *consommation* et non de *reproduction* agricole, ensuite que la profession d'agriculteur est peu rémunératrice. C'est même une opinion assez
répandue que celui qui emprunte pour des travaux
agricoles est sur le chemin de la ruine et que l'argent
prêté ne profite jamais au cultivateur. Ce n'est heureu-
sement qu'un préjugé, car le crédit employé à des opérations utiles à l'agriculture est aussi avantageux que
s'il était appliqué au commerce et à l'industrie : tout
dépend de l'usage qui en est fait. L'agriculture n'est nullement inférieure, en produit net, aux autres industries,
et dans presque tous les lieux où les capitaux sont suf-
fisants, on est certain de voir s'enrichir non seulement
les propriétaires mais aussi les fermiers.

Une seconde opinion consiste à voir un péril, une véritable calamité dans les facilités données à l'agriculture
d'obtenir le crédit. Pour les partisans de cette idée, l'organisation du crédit agricole c'est la porte ouverte à tou-

tes les convoitises, à toutes les ambitions jusqu'à présent impuissantes du paysan. Chacun voudra arrondir son petit domaine; la vanité aidant, chacun se disputera les lopins de terre voisins, et comme l'extension des cultures n'est pas une marque certaine des améliorations agricoles, les facilités données au cultivateur iront à l'encontre du but que l'on se propose. Raisonner ainsi, c'est connaître mal ou insuffisamment le caractère de nos paysans prudents et avisés, qui savent toujours aller là où l'intérêt les conduit.

S'il est vrai que l'amour, la passion de la terre exerce un vif attrait sur l'esprit du cultivateur, il est encore plus vrai de dire que ce qui le préoccupe surtout c'est le résultat financier, c'est le profit à retirer de l'exploitation des parcelles culturales, et il sait fort bien que ce résultat ne peut être atteint qu'en concentrant ses efforts sur un espace restreint.

Ces objections écartées, il s'agit de savoir si le crédit actuel de l'agriculture correspond au crédit qu'elle devrait avoir.

Le crédit actuel repose d'abord sur le degré de confiance qu'inspire le cultivateur à son prêteur.

L'emprunteur trouve toujours un prêteur, si le remboursement est certain. La sécurité du placement, telle est la condition essentielle du crédit. Si, actuellement, le paysan se plaint souvent de sa pénurie, c'est lui-même qu'il devrait parfois accuser. N'a-t-il pas contribué à décourager ses prêteurs par son inexactitude proverbiale dans le remboursement de ses emprunts, par le retard volontaire ou involontaire qu'il met à faire attendre les intérêts des capitaux prêtés ?

C'est pourquoi les capitalistes, craignant ce sans-gêne onéreux pour eux, emploient de préférence leurs fonds à des opérations de banque ou d'industrie.

Cette mauvaise habitude du paysan n'a pas peu contribué à détourner de l'agriculture même le crédit pour lequel elle fournit d'excellentes garanties.

Quelle industrie pourrait toutefois offrir les gages que possède l'agriculture !

En premier lieu, son crédit peut être garanti par les 90 milliards que représentent les fonds de terre et les bâtiments. Ici le crédit n'a devant lui aucune entrave ; il peut s'exercer dans toute sa plénitude, car le contrat hypothécaire donne au prêteur toute sécurité et toute certitude pour le remboursement du capital. Voilà pourquoi nous sommes convaincu que le Crédit foncier peut être d'une grande utilité pour ces genres de prêts, et par suite pour les améliorations agricoles.

C'est encore une opinion assez répandue que le Crédit foncier est contraire aux intérêts de l'agriculture. Peut-on nier toutefois, en toute sincérité, qu'un emprunt fait à 4 p. 100 à cet établissement, dans le but de construire des granges, des écuries, des étables, des bergeries, etc...., ne soit un emprunt utile à l'agriculture !

L'amélioration des bâtiments ne suppose-t-elle pas

l'amélioration des cultures! Voici un cultivateur propriétaire qui veut améliorer sa culture ; des travaux d'irrigation seraient nécessaires dans sa propriété, pour en augmenter la fécondité et le rendement, mais il manque d'avances.

Il consent un contrat hypothécaire : le Crédit foncier lui prête les fonds nécessaires à un taux de 4 0/0.

Pourra-t-on nous dire que ce prêt hypothécaire n'a été aucunement avantageux au cultivateur, qu'il n'a réalisé aucune amélioration agricole, si les travaux qu'il a permis d'exécuter répondent à l'attente de l'emprunteur! N'est-ce pas une véritable opération de crédit agricole que ce prêt fait par le Crédit foncier, qui permet au paysan de donner une plus-value à son champ, tout en lui laissant la faculté de se libérer par de légères annuités, bien plus douces, dans tous les cas, que les lourds sacrifices que lui imposerait un emprunt fait à un usurier des campagnes.

Malgré les nombreuses garanties que nous avons examinées, le crédit des propriétaires fonciers, et surtout des petits propriétaires, se trouve enrayé encore par l'incertitude des résultats que donnent les voies d'exécution judiciaire, de sorte que tout concourt à réduire le crédit du petit cultivateur, bien que son patrimoine ait une très grande valeur. Pour la grande propriété, pour les grands domaines, on trouve toujours des acquéreurs disposés à payer un prix à peu près équivalent à sa valeur réelle. Il en est autrement pour les petits domaines, pour les petites propriétés isolées qui forment la fortune courante du paysan ; ces parcelles ne peuvent guère être achetées que par ceux qui peuvent les utiliser, c'est-à-dire par les propriétaires voisins, ce qui a pour effet de réduire la concurrence entre acheteurs et de faire baisser par conséquent le prix des petites propriétés. Les bienfaits du crédit agricole ne doivent pas cependant se limiter aux cultivateurs propriétaires.

A côté d'eux existe toute une catégorie d'exploitants du sol pour lesquels, faute de gages pouvant servir de garantie à des emprunts, le crédit reste à l'état de lettre morte.

Le tableau suivant nous indique qu'il existe :

		Pour 100
Propriétaires cultivateurs .	2.150.000	62.2
Fermiers	968.000	28
Métayers	341.000	9.8

Il y aurait ainsi plus du tiers des entrepreneurs de culture qui ne pourraient jouir du crédit agricole, faute de garanties réelles à offrir.

Et cependant nous avons vu, qu'indépendamment du capital foncier, il existe un capital d'exploitation s'élevant à 13 milliards.

D'où vient donc que ce capital ne puisse servir, comme le capital foncier, à faciliter les prêts à l'agriculture, et prive ainsi une grande partie de la population agricole des bienfaits du crédit ?

C'est ce que nous nous proposons d'examiner dans une autre partie de notre étude. Nous avons voulu seulement montrer ici que le capital de l'agriculture, capital foncier et capital d'exploitation compris, s'élève à une somme de plus de *100 milliards* ; que le crédit naturel de l'agriculture, c'est-à-dire le crédit auquel elle peut prétendre, pourrait être garanti par cette masse énorme de capitaux, tandis qu'avec son crédit actuel, l'agriculture ne retire aucun profit des 13 milliards des capitaux d'exploitation, qui se trouvent sans emploi au point de vue du crédit.

CHAPITRE II

Il nous semble avoir démontré que le crédit de l'agriculture n'a pas toute l'extension que justifieraient les immenses valeurs qu'elle possède. Ce serait, néanmoins, faire un marché de dupe que de confier des capitaux à l'industrie agricole, s'il était vrai que la productivité de l'agriculture ne fût pas suffisante, pour offrir sur le marché des capitaux une rémunération au moins égale au taux courant de l'intérêt. Dans ce cas, l'organisation du crédit agricole n'aurait aucune chance d'aboutir, serait sans efficacité, sans utilité et deviendrait plutôt nuisible aux cultivateurs qu'elle a la prétention de secourir. Nous allons voir que ces craintes ne sont nullement justifiées, et que l'utilité, la nécessité de l'organisation du crédit agricole se trouve amplement démontrée par les progrès incessants de l'agriculture. Ces progrès peuvent être constatés dans la marche ascendante du produit brut de l'industrie agricole.

De l'étude faite par Lavoisier, en 1790, pour établir l'assiette de l'impôt foncier, il ressortait que le produit brut de l'agriculture s'élevait alors à environ 2 milliards. Une nouvelle évaluation faite en 1806-1808, sur les ordres de Chaptal, permit de constater un progrès énorme dans les résultats du produit brut qui montait à 3 milliards.

A partir de 1815, notamment à partir de 1830, l'agriculture entre dans une phase nouvelle : les débouchés s'accroissent avec l'augmentation des voies de communication ; la création des canaux et des chemins de fer donne un large essor au commerce et à l'industrie et l'agriculture, de son côté, suit un mouvement ascendant, car en 1850, le produit brut atteint 5 milliards.

Enfin, depuis 1850, le développement énorme des voies de communication vient encore ouvrir de nouveaux débouchés à l'agriculture ; car tel est le débit, telle est la reproduction.

Une cause prédominante a surtout contribué aux progrès continus de l'agriculture : ce sont les découvertes scientifiques, qui ont permis de rendre à la terre ses forces épuisées et qui ont doublé, triplé et parfois quintuplé son rendement. Aussi le produit brut de l'agriculture double-t-il dans l'espace de trente ans, pour atteindre, en 1880, la somme de 10 milliards.

Ces constatations peuvent se résumer dans le tableau suivant :

En 1789, le produit brut de l'agriculture atteint: 2 milliards.
— 1815,   —   —   3   —
— 1850,   —   —   5   —
— 1880,   —   —   10   —
— 1895,   —.   —   18   —

Les divers éléments du produit brut actuel peuvent se décomposer ainsi :

I. *Produits végétaux.*

Céréales {	Grains	4.081	millions
	Pailles	1.294	—
Pommes de terre		648	—
Grains divers		148	—
Fourrages		1.365	—
Prairies		1.036	—
Cultures industrielles		358	—
Vignes		1.137	—
Jardins		902	—
Cultures arborescentes		199	—
Bois et forêts		334	—
Total.		11.502	millions

II. *Produits d'origine animale.*

Chevaux, ânes, mulets	80	—
Animaux de boucherie	1.634	—
Lait	1.157	—
Laine	77	—
Basse-cour	188	—
Œufs	131	—
Cocons	44	—
Miel-cire	20	—
Travail du bétail	3.017	—
Fumiers	838	—
Total.	7.183	—
Total général.	18.685	millions

Dans ce chiffre total de 18.685 millions, il est juste

toutefois de ne pas faire entrer en ligne de compte certains éléments qui font double emploi, et qui ne doivent
pas figurer dans le prix de vente, car ils sont eux-
mêmes moyens de production :

Ce sont :

1° les semences . . . . 536 millions
2° les fumiers . . . . 838 —
3° le travail et les aliments consom-
    més par les animaux . . . . . 3.850 —
Total . . . . 5.224 —

En déduisant cette somme des 18.685 millions qui
forment l'ensemble de la valeur des produits végétaux et
animaux, nous obtenons une somme de 13 milliards,
en chiffres ronds, qui constituent le produit brut actuel
de l'agriculture.

Seule, cette constatation devrait suffire pour détruire
le préjugé que la productivité fait défaut à l'agriculture,
pour inspirer confiance aux capitalistes et pour démon-
trer l'utilité qu'il y aurait à accroître encore le rendement de l'industrie agricole par l'organisation du crédit
agricole. Ce rendement n'est pas le même pour toute la
France, et certaines régions sont plus favorisées les unes
que les autres.

C'est ainsi que le produit brut moyen par hectare
est :

Dans le Nord-Ouest de . . . . . 415 francs
    — Nord-Est . . . . . . 132 —
    — Ouest . . . . . . 208 —

Dans le Sud-Est de . . . . . . 184 francs
— Sud-Ouest . . . . . . 255 —
— Centre . . . . 105 —

soit, pour la France entière, un produit moyen, par hectare, de 210 francs. Il varie, d'après des circonstances diverses dépendant soit du capital d'exploitation employé par hectare, soit de la nature du sol et des circonstances locales, soit de l'intelligence et de l'activité du cultivateur : c'est à lui qu'il appartient de réaliser une proportion heureuse entre le capital d'exploitation et la surface exploitée.

Mais, nous dira-t-on, si la situation de l'agriculture est aussi satisfaisante que ces chiffres l'indiquent, à quoi bon recourir au crédit agricole? Ce sera faire au paysan un présent dont il ne saura que faire, et l'organisation du crédit agricole pourra dès lors lui être nuisible plutôt qu'utile. Malgré la situation prospère que semblent dénoter les chiffres que nous avons cités, il s'en faut de beaucoup cependant que l'état de l'agriculture soit aussi satisfaisant qu'il pourrait le devenir.

Nous ne pouvons mieux faire ici que de laisser la parole à M. J.-B. Josseau, qui, dans son *Traité du crédit foncier*, s'exprime en ces termes sur l'utilité du crédit agricole :

« Parmi les causes qui, dans tous les pays, ont longtemps paralysé les progrès de l'agriculture, il en est une que l'on s'est généralement accordé à reconnaître : c'est le manque d'argent, ou plutôt c'est l'insuffisance du crédit dont elle jouit pour se procurer des capitaux indispensables à ses besoins les plus urgents.

« Sans le crédit, c'est en vain que la science découvre chaque jour de nouveaux éléments de fertilisation destinés à combattre l'épuisement de la terre ; c'est en vain que la mécanique invente des engins qui suppléent au défaut des bras et accélèrent la rapidité du travail : l'agriculture ne peut profiter des avantages que lui offrent tous ces moyens d'accroître sa production et de diminuer ses frais.

« Pour payer les frais de sa culture et subvenir aux besoins de sa famille, il est obligé, s'il ne veut pas se mettre à la merci d'un usurier des campagnes, de se défaire de sa marchandise en temps opportun ; et c'est ainsi qu'à certaines époques de l'année l'encombrement des céréales sur les marchés devient une cause bien connue de l'avilissement des cours.

La conséquence fatale de cet état de choses, c'est que les années d'abondance elles-mêmes ne donnent point au cultivateur les moyens de réparer les pertes que lui occasionnent les années de disette, ainsi que les fléaux, les accidents et les maladies épidémiques qui frappent si souvent ses bestiaux et ses récoltes.

L'utilité de donner du crédit à l'agriculture est donc incontestable, soit au point de vue de son intérêt particulier, soit au point de vue de l'intérêt public auquel il est lié intimement.

« Mettre aux mains de l'agriculteur les moyens d'acheter, en temps opportun et au meilleur marché possible, des outils, des bestiaux et des engrais, de pratiquer sur la terre qu'il cultive des travaux d'amélioration, de choisir le meilleur moment pour l'écoulement de ses produits, c'est non seulement contribuer à son bien être ou conjurer sa ruine, mais c'est atténuer les effets des grandes calamités publiques et alimenter les sources de la prospérité du pays. »

CHAPITRE III

Après la lecture de cette citation, il est difficile à tout esprit impartial de nier l'utilité du crédit agricole. Ce serait cependant se faire illusion que de s'imaginer que l'organisation du crédit agricole sera une panacée universelle à tous les maux dont souffre l'agriculture.

Même parfaitement organisé, le crédit de l'agriculture sera encore et toujours subordonné à des causes qui tiennent bien plus à des faits économiques et moraux qu'à des dispositions législatives et financières.

Voilà pourquoi nous nous refusons de croire aux utopies économiques des socialistes qui s'imaginent voir dans la nationalisation du sol le seul remède efficace aux maux dont souffrent les paysans et l'agriculture. Si l'industrie agricole traverse, en ce moment, une crise douloureuse, c'est que le produit net n'a pas suivi la même progression que le produit brut. En effet, le prix de revient des produits a haussé sous l'influence de l'élévation continue des impôts et des salaires agricoles, tandis que le prix de vente a subi une baisse sensible par suite de la concurrence des produits agricoles étran-

gers inondant notre propre marché à la suite du phyl-
loxéra, des maladies des vers à soie, des mauvaises récoltes successives qui ont affligé notre pays.

L'abaissement du produit net agricole a pour effet
immédiat d'abaisser le taux du profit de l'agriculteur.

A notre sens, cette diminution des profits a une de
ses causes dominantes dans l'élévation des salaires agricoles ainsi qu'il ressort des tableaux suivants :

Répartition de l'ensemble du produit brut de l'agriculture :

			Pour 100
1° La part du propriétaire s'é-lève à.	2.645 millions		24
2° Gages et salaires.	4.150	—	37.75
3° Intérêts à 5 0/0 du capital d'exploitation	685	—	6.24
4° Frais accessoires.	1.470	—	13.36
5° Impôts	830	—	7.56
6° Bénéfices des entrepreneurs et exploitants	1.220	—	11.09
Total.	11 milliards		100

Ferme de X... (Aisne).

Gages en francs.

	1874	1892
Premier charretier.	500	600
Deuxième —	450	525
Troisième —	350	425
Vacher.	600	700
Servante	300	450
Berger (non nourri)	1.000	1.050
Totaux	3.200	3.750

Ainsi la part du propriétaire s'élève à peine à 24 0/0, tandis que celle des gages et salaires atteint près de 38 0/0.

On aurait également tort d'attribuer au développement de la grande propriété la crise que traverse actuellement l'agriculture. À en croire les partisans d'une certaine école, la propriété aurait une tendance de plus en plus marquée à devenir le privilège d'une minorité, sorte de féodalité terrienne, dont le but serait d'étouffer la petite propriété. La simple constatation des faits suffit pour mettre à néant ces prétentions.

	Nombre de propriétés.	Division de la culture.
0 à 1 hectare	2.167.000	1.083.000 hectares.
1 à 10 hectares	2.635.000	11.366.000 —
10 à 40 —	727.000	14.845.000 —
40 h. et au-dessus	1.420.000	22.266.000 —
Total.		49.560.000 hectares.

Comparaison du nombre de propriétaires :

	1862	1882
0 à 10 hectares	2.435.000 propr.	2.635.000 propr.
10 à 40 —	636.000 —	727.000 —
40 h. et au-dessus	154.000 —	142.000 —

Si nous remarquons que sur le total des cultures, 7 millions d'hectares environ constituent la propriété de l'État, des départements, des communes, des établissements publics et ne doivent pas rentrer, par conséquent, dans le lot des grandes propriétés des particuliers, et si nous divisons la propriété en trois groupes, suivant la distinction suivante :

1º Petite propriété : 10 hectares et au-dessous.

2º Moyenne propriété : entre 10 et 40 hectares.

3º Grande propriété : 40 hectares et au-dessus.

nous remarquons que ces trois groupes ont les surfaces suivantes :

1º Petite propriété = 17 millions d'hectares.

2º Moyenne propriété = 12 millions d'hectares.

3º Grande propriété = 14 millions d'hectares.

On voit donc que la majorité des terres appartient à de petits propriétaires, et en outre, que les petites propriétés tendent à s'accroître au détriment des grandes, sans parvenir tout de même à l'émiettement.

Ainsi il n'est pas plus exact de dire qu'il se constitue une féodalité terrienne que de prétendre remédier aux crises agricoles, non par des facilités données à l'agriculture de se procurer le crédit qui lui fait défaut, mais par la mise en commun du sol français. Ce moyen, pour les socialistes, c'est « la pierre philosophale » du crédit agricole. Il suffirait de s'emparer du sol productif français, pour le répartir ensuite entre toutes les familles agricoles, pour voir régner l'âge d'or dans nos campagnes. Admettons que cette répartition soit faite en tenant compte de tous les éléments possibles, en se rapprochant de l'équité la plus absolue : elle ne pourra donner à ceux qui ne possèdent pas qu'un des moyens de production : le sol.

Mais le sol à lui seul ne peut suffire ; il manquera encore d'autres éléments de production : des bâtiments, des engrais, des machines, des fonds de roulement.

Donner le sol tout seul, c'est donc faire un présent dérisoire à cette partie de la population qui ne possède pas.

Pour arriver à la production du sol, il faudra dès lors répartir les moyens de production, c'est-à-dire les fonds d'exploitation. Comment se fera cette répartition ?

C'est là l'aléa, et les socialistes n'ont pas encore indiqué de solution à ce nouveau problème.

On trouvera peut-être que les considérations qui précèdent sortent du cadre que nous nous étions primitivement tracé. Il nous a semblé néanmoins qu'elles pouvaient aider à délimiter les solutions qui peuvent être données à cette question si complexe du crédit agricole, et à déterminer exactement sa sphère d'application.

CHAPITRE IV

SPHÈRE D'APPLICATION DU CRÉDIT AGRICOLE.

Dans un discours sur la nature et les conditions du crédit nécessaire à l'agriculture. M. Méline s'exprimait ainsi : « Le crédit ne manque pas aux grands propriétaires, ni même aux fermiers qui offrent, par leur situation ou leur fortune personnelle, des garanties de premier ordre devant lesquelles toutes les caisses sont toujours prêtes à s'ouvrir.

« Mais l'immense majorité de la moyenne et petite culture sont restées en dehors de ce grand mouvement et n'ont pu sortir de leur état précaire faute de ressources suffisantes. »

Ces paroles sorties d'une bouche aussi autorisée nous permettront de bien délimiter la portée qui devra être donnée à l'organisation du crédit agricole.

L'homme de fortune médiocre ne pouvant donner des garanties équivalentes à celles que présente le riche capitaliste, il s'ensuit qu'il faudra s'occuper surtout des agriculteurs peu fortunés, petits propriétaires ou fermiers. C'est pour le petit cultivateur, propriétaire, fermier ou métayer, et pour lui seul, que se pose le problème du crédit agricole. Il pourra l'utiliser avec avantage dans plusieurs cas :

1° Pour vendre son bétail, quand il pourra retirer un bénéfice du prix de vente, au lieu d'être obligé de se défaire de son bétail à vil prix dans un moment de gêne, en un mot, pour lui éviter une vente à contre-temps en cas de besoin pressant, ou pour lui permettre d'attendre l'époque des prix rémunérateurs pour l'écoulement de ses produits ;

2° Pour acheter dans de bonnes conditions de bon marché, quand il faut, comme il faut, ses outils, ses matières premières, ses machines agricoles ;

3° Pour l'établissement de fosses à purin ou autres agencements ayant pour objet l'utilisation du fumier de la ferme ;

4° Pour l'achat de bétail ;

5° Pour la transformation de la culture extensive en culture intensive quand les circonstances le permettent.

Mais, objectera-t-on, le cultivateur ne peut-il améliorer et augmenter le rendement de ses terres au moyen des ressources dont il dispose et des méthodes qu'il connaît et qu'il emploie? Non, car l'application des méthodes nouvelles exige une mise de fonds considérable et hors de proportion avec les ressources courantes de l'agriculteur.

Il faut faire au sol des avances de toute nature si l'on veut en tirer son maximum de production. Le fonds de roulement nécessaire par hectare a presque décuplé depuis le commencement du siècle. Mais, dit M. Méline, ce ne sont pas là des sacrifices perdus ; l'expérience a montré que l'argent employé avec discernement aux achats d'engrais et de semences peut donner des bénéfices qui vont de 15 à 20 jusqu'à 60 p. 100. Il n'y a donc aucun doute que la productivité de l'agriculture ne soit suffisante pour rémunérer les capitaux engagés.

L'organisation du crédit agricole n'est cependant pas toute la solution du problème. Beaucoup de personnes croient que le défaut de capitaux seul empêche les cultivateurs de modifier leur système de culture et d'accroître les profits qu'ils peuvent réaliser. C'est une erreur. A côté du cultivateur ignorant, routinier, âpre au gain, tel qu'il existait autrefois et qu'il existe encore dans certaines régions, il y a une nombreuse élite d'agriculteurs qui possèdent tout à la fois des capitaux et des lumières. A ceux-ci le crédit agricole rendra peu de services. Si quelques-uns hésitent à modifier les méthodes d'exploitation, c'est à l'insuffisance de l'instruction professionnelle et non au défaut des capitaux qu'il convient d'attribuer cette timidité ou cette indifférence.

Comme notre distingué professeur, M. D. Zolla, nous pensons que les progrès agricoles seront l'œuvre du temps. Les découvertes scientifiques applicables à l'agriculture, l'emploi des engrais industriels sont encore trop récents, et l'on comprend avec quelle méfiance certains agriculteurs accueillent les innovations dont ils n'ont pas encore touché du doigt les résultats et apprécié les conséquences financières.

En même temps qu'on propose des méthodes nouvelles exigeant pour leur emploi une augmentation des capitaux d'exploitation, en même temps qu'on fait appel au crédit, il nous semble donc absolument indispensable de compléter l'instruction professionnelle du cultivateur et de lui montrer les avantages financiers d'une augmentation des capitaux d'exploitation. Le développement du crédit agricole sera subordonné aux avantages que lui reconnaîtront ceux qui sont appelés à en profiter. C'est donc l'éducation de l'emprunteur qu'il convient de faire pour que le crédit agricole puisse obtenir tout son développement, car, ainsi que l'a dit excellemment M. L. Passy :

« Nous regardons comme certain que l'agriculture, jadis un métier, quand l'homme travaillait au hasard et machinalement, est devenue un art depuis que l'homme travaille avec suite et réflexion et qu'il sait tirer de la terre et de la nature les éléments qui lui sont nécessaires, par les meilleurs procédés et dans les meilleures conditions de profit.

La nature est un infatigable instrument de production qui travaille solitairement, suivant les lois mystérieuses de ses transformations, mais elle ne peut rien seule et par elle-même. Elle ne peut que s'offrir et se livrer généreusement à celui qui par l'intelligence est le maître de tout. L'homme est le maître de tout, mais lui aussi ne peut rien par lui seul sans la nature. L'homme est condamné, dans son propre intérêt, à travailler sur la matière pour les autres et sa destinée par un effort, en apparence isolé, est de créer entre la nature et les sociétés humaines, une association providentielle de services et de secours mutuels. »

DEUXIÈME PARTIE

SECTION I

ORGANISATION DES GARANTIES.

CHAPITRE PREMIER

COMMENT SE POSE ACTUELLEMENT LE PROBLÈME DU CRÉDIT AGRICOLE.

Arrivé à cette partie de notre étude, il nous est possible de dégager nettement les idées dont dépend, à notre avis, la solution du problème du crédit agricole.

Le résultat à atteindre est subordonné à deux choses :

1° La diffusion des connaissances agricoles ;

2° Les facilités à accorder à l'agriculture pour se procurer les capitaux dont elle a besoin, pour opérer soit des transformations du capital d'exploitation, soit des additions à ce capital.

Pour les prêts destinés à des améliorations foncières permanentes, c'est-à-dire donnant un bénéfice annuel, faible mais prolongé, il faut avoir recours exclusivement à l'établissement du Crédit foncier qui fait des prêts remboursables par fractions annuelles et à long terme, amortissement compris.

Cette faculté de rembourser par acomptes est avantageuse pour l'emprunteur ; l'obligation de payer par annuités présente aussi de sérieuses garanties au prêteur et nous pouvons affirmer que ce mode de crédit est un des éléments essentiels du crédit agricole. Il permet au paysan de résister aux dangers de l'usure, si répandue dans nos campagnes, et qui ne disparaîtra que le jour où l'on étendra la définition légale de l'usure aux faits usuraires qui ne constituent pas des prêts d'argent.

Mais ces emprunts au Crédit foncier, si utiles pour les travaux d'amélioration de longue haleine, ne peuvent guère être pratiqués que par les propriétaires eux-mêmes ou pour le compte des propriétaires auxquels ils profitent.

La question se complique, lorsqu'il s'agit d'appliquer le crédit agricole à des cultivateurs non propriétaires, fermiers ou métayers et de créer, à côté du prêt hypothécaire, un prêt chirographaire permettant de procurer à cette catégorie d'agriculteurs intéressants un crédit gagé sur leur moralité, leur exactitude, leurs habitudes, leur solvabilité morale. La difficulté, sur ce point, consiste à faire disparaître les entraves législatives qui s'opposent à un crédit plus étendu de l'industrie agricole.

Actuellement, le crédit de l'agriculteur est limité par une double série de conditions, les unes morales tenant à la probité et à la capacité de l'emprunteur, les autres matérielles tenant à la fortune de l'emprunteur et à la productivité de son industrie. De sorte que si nous comparons le crédit actuel de l'agriculture et le crédit auquel elle a droit, nous remarquons : d'une part, un *crédit personnel* tenant à la probité et à la capacité du cultivateur, mais sans portée, sans rayonnement, parce qu'il s'exerce dans un champ dépourvu de capitaux et de ressources pécuniaires.

D'autre part, un crédit très réel et très vaste, si l'on envisage l'ensemble de la fortune agricole, mais sans puissance effective, par suite de la difficulté de créer des sûretés réelles.

C'est ainsi que l'on voit, d'un côté, l'industrie agricole souffrir du manque de capitaux, tandis qu'elle pourrait avec profit recourir au crédit et qu'elle possède un crédit naturel très puissant ; on voit, d'un autre côté, une série de circonstances sociales ou législatives qui condamnent à la stérilité ce crédit, s'opposent à son mouvement régulier et réduisent souvent l'agriculteur à l'alternative de ne pas contracter un emprunt nécessaire, ou de subir les conditions d'un prêt usuraire.

Pour remédier à ces inconvénients, il faudrait, au

point de vue du crédit, rapprocher l'agriculture des conditions dans lesquelles se trouvent le commerce et l'industrie. La réforme à réaliser nous semble double.

C'est, d'une part, l'amélioration par la loi du gage agricole, afin d'écarter le risque qui fait éloigner les capitaux. C'est, d'autre part, l'établissement d'un système permettant de rapprocher et de mettre le crédit lui-même à la portée du cultivateur, afin d'éviter à ce dernier des déplacements onéreux et de lui rendre l'obtention du prêt plus facile, en assurant au prêteur un meilleur contrôle.

Pourquoi le cultivateur qui possède souvent des outils, du bétail, des récoltes, des produits de toute sorte, est-il le plus souvent considéré comme n'offrant pas la garantie d'un capital, tandis qu'il en est autrement des machines, des produits de l'industriel et des marchandises du négociant ? C'est que la loi protège trop l'agriculteur. Le législateur lui a soigneusement lié les mains pour le préserver des dangers qu'il pourrait courir en contractant des emprunts usuraires, mais il est arrivé que, pour prévenir les abus, on a complètement paralysé l'usage. L'essentiel et l'indispensable est donc de modifier les dispositions par trop prudentes de la loi, afin d'améliorer le gage agricole.

CHAPITRE II

La question d'argent, a dit M. Mir, est secondaire en matière d'organisation du crédit agricole, la question des garanties est primordiale. C'est là, en effet, que réside le nœud de la question. Aussi ne saurions-nous adopter le système de ceux qui considèrent comme une arche sacrée les privilèges exorbitants dont jouissaient jusqu'à ce jour les propriétaires sur tous les capitaux d'exploitation indistinctement.

Pas davantage ne saurions-nous admettre le principe de ceux qui voient dans le propriétaire foncier l'instrument de crédit par excellence pour l'organisation du crédit agricole. Bien volontiers, nous reconnaissons que le contrat d'association qui se forme entre le propriétaire du sol et les fermiers ou les métayers peut parfois être très utile et avantageux aux intérêts du cultivateur comme aux améliorations agricoles. Mais il nous semble que ce n'est là qu'une exception, et si cette exception pouvait se généraliser, nous n'assisterions pas à ces plaintes incessantes dont les agriculteurs assiègent les pouvoirs publics.

Pour la solution de la question, il nous semble préférable de libérer d'abord le crédit naturel des agriculteurs des circonstances artificielles qui le neutralisent ; la question d'argent viendra ensuite.

Pour nous, l'organisation des garanties précède logiquement l'organisation de l'établissement de crédit.

Par garanties, nous entendons l'ensemble des moyens qui protègent le créancier contre les risques de non-paiement à l'échéance.

Ces risques sont de deux sortes : 1° la mauvaise foi du débiteur ; 2° son insolvabilité.

Les garanties contre l'insolvabilité de l'emprunteur constituent ce que, dans la langue juridique, on appelle des sûretés.

Ces sûretés sont réelles ou personnelles, suivant qu'un bien du débiteur est affecté au paiement de la dette, ou suivant qu'une ou plusieurs personnes s'engagent avec ou pour le débiteur.

Les sûretés réelles sont constituées par le sol et les bâtiments du capital foncier, qui s'élève, nous l'avons vu, à *90 milliards*. Les quatre cinquièmes des exploitations rurales étant dirigées par les propriétaires eux-mêmes, il y a là une valeur immense qui peut être employée à gager des emprunts agricoles. L'utilité du Crédit foncier est ici tout indiquée pour ces sortes de prêts. Mais, en dehors de ce capital foncier, il existe un capital mobilier, affecté à la culture tant par les propriétaires que par les fermiers, et qu'on évalue à *13 milliards*.

Dans quelle mesure cette fortune est-elle utilisée par le crédit?

Pour les immeubles, aucune entrave législative ne s'oppose à ce qu'ils soient constitués en gage pour faciliter les emprunts destinés à des améliorations agricoles.

Pour le capital mobilier de 13 milliards dont nous venons de parler, il en est autrement. Aussi de vives critiques sont-elles dirigées contre la législation actuelle, qui annihile les avantages que le crédit pourrait retirer de cette masse énorme de capitaux.

Les Commissions réunies en 1856, en 1866, en 1880 et en 1882 ont toutes conclu en faveur de la modification du Code civil sur ce point. Ce capital mobilier est, en effet, immobilisé par les dispositions des articles 520 et 521 du Code civil, qui déclarent *immeubles par nature* les récoltes pendantes et les coupes futures, puis par l'article 524 qui déclare *immeubles par destination* les objets que le propriétaire y a placés pour le service et l'exploitation de ce fonds.

De plus, les objets mobiliers de la ferme, *ustensiles et animaux*, ne peuvent se plier aisément au nantissement, car, d'après l'article 2076 du Code civil, ils ne peuvent être engagés sans être mis en la possession du créancier ou d'un tiers convenu entre les parties.

CHAPITRE III

Pour procurer aux cultivateurs les ressources dont
ils ont besoin, plusieurs systèmes, plusieurs théories
se sont fait jour. L'un de ces systèmes consiste à permettre aux agriculteurs d'engager leurs bestiaux, leurs
récoltes, leurs instruments, sans se dessaisir des objets
ainsi donnés en gage. Il suffirait pour cela de modifier
l'article 2076, et d'étendre le privilège de l'article 2102,
c'est-à-dire le privilège du créancier sur le gage dont il
est saisi, indépendamment de la mise en possession,
aux récoltes encore pendantes, aux produits récoltés,
aux coupes ordinaires de bois taillis ou de futaies régu-
lièrement aménagés dans l'année qui précède celle de
l'abatage, aux ustensiles agricoles et aux animaux,
lorsqu'ils sont attachés au fonds rural par un fermier
ou métayer.

C'est la théorie du gage sans déplacement. L'agriculteur pourrait ainsi, sans se dessaisir de son mobilier
(instruments aratoires, animaux attachés à la culture,
etc...), l'affecter à titre de gage et par conséquent par
privilège au remboursement d'un emprunt pour cause

agricole. C'est, en un mot, la constitution d'une hypothèque du mobilier, sous la dénomination de gage sans
déplacement. Ce système soulève de graves objections.
La première serait qu'on constituerait ainsi un privilège
exclusif en faveur de l'agriculture. Ces préoccupations se
font jour notamment dans le rapport présenté par M. La-
biche au Sénat lors de la Commission de 1882 :

« Pourquoi, par exemple, le gage sans tradition pourrait-il être constitué sur les chevaux d'un laboureur et
ne pourrait-il pas l'être sur ceux d'un meunier ou d'un
entrepreneur ? » Aussi demandait-on alors à généraliser la nouvelle législation, de façon qu'elle constituât
une règle de droit commun applicable à tous les citoyens, sans distinction de profession.

Admettre le gage sans tradition, dit-on encore, c'est
bouleverser l'un des principes de notre législation civile, celui qui se formule ainsi : « *En fait de meubles
possession vaut titre.* » Ce serait, de plus, un moyen de
perdre le crédit que l'on a au lieu d'en obtenir un nouveau.

Qui voudrait prêter au fermier, dès qu'on saurait que
le mobilier qui garnit sa ferme est déjà engagé, non
plus seulement au propriétaire, mais peut-être à un
autre créancier pour garantir un prêt antérieur ?

Une objection qui nous semble plus grave encore pour
ce système, ce serait la difficulté d'application. Dans le
nantissement, en effet, tous les objets donnés en gage,
sont nettement *individualisés*. Même restant en la pos-

session du cultivateur, ces objets ne pourraient être déplacés sans des formalités gênantes de mainlevée ou autres, et cela nuirait à la liberté de l'agriculteur qui doit avoir ses coudées franches pour la bonne gestion de ses intérêts, sans compter les difficultés et les fraudes auxquelles ce système donnerait lieu. A cette théorie nous préférerions un système tendant à constituer au profit du prêteur un *privilège conventionnel* sur l'ensemble des meubles de l'agriculteur.

Ce système, fidèle aux principes généraux de notre législation civile, ne supprimerait pas la législation sur le gage, et permettrait en même temps aux agriculteurs d'offrir aux capitalistes une garantie suffisante, pour étendre le crédit auquel a droit l'agriculture.

Il nous semble que ce privilège conventionnel pourrait prendre rang après les privilèges établis par les distinctions suivantes :

Le Code civil s'est borné à fixer le rang des privilèges généraux sur les meubles, qui s'exercent dans l'ordre indiqué par l'article 2101. Mais il a négligé de régler :

1° Le rang des privilèges généraux, comparativement à chacun des privilèges particuliers ;

2° Le rang des privilèges particuliers entre eux.

Or, en rattachant tous les privilèges à l'une de ces quatre causes :

a) Dépenses faites dans l'intérêt de la masse des créanciers ;

b) Nantissement exprès ou tacite ;

c) Propriété conservée sous certains rapports ;

d) Faveur attachée à certaines créances pour des motifs d'humanité et d'ordre public, il nous semble que l'équité réclame évidemment la priorité pour les privilèges fondés sur l'intérêt de tous, car nul ne peut s'enrichir aux dépens d'autrui. Nous placerions ensuite les privilèges fondés sur le nantissement, toutes les fois que le créancier nanti n'aura pas eu connaissance de la cause de préférence, qui peut militer en faveur d'un autre créancier. Mais, dans les cas de cette connaissance, il faudrait préférer, en première ligne le privilège des frais faits pour l'intérêt de tous, en deuxième ligne le privilège du vendeur, qui repose sur le principe de la propriété. Ce n'est qu'au *quatrième rang* que nous placerions les privilèges attachés à la faveur de la créance, et par conséquent le privilège particulier qui nous occupe. C'est sur ces bases que nous semble devoir être établi l'ordre de chacun des privilèges soit généraux, soit particuliers.

Cette garantie est peut-être moins solide pour les prêteurs que le nantissement, mais elle a, du moins, le mérite de ne pas bouleverser les principes de notre législation. Du reste, ce privilège conventionnel ne serait pas sensiblement déprécié par le concours possible des autres privilèges. La précaution à prendre serait seulement de protéger le créancier privilégié contre l'aliénation possible des meubles sur lesquels porterait son privilège.

On pourrait remédier à ce danger en appliquant au débiteur qui aliénerait ces meubles, et qui commettrait par suite un abus de confiance, l'article 408 du Code pénal.

CHAPITRE IV

RESTRICTION DU PRIVILÈGE DU BAILLEUR. — SUBROGATION
DES PRIVILÈGES MOBILIERS SUR LES INDEMNITÉS DUES
PAR LES COMPAGNIES D'ASSURANCES.

Sous l'empire de l'article 2102 du Code civil, le bailleur pouvait, si le bail était authentique ou s'il avait date certaine, se faire colloquer par préférence sur les fruits de la récolte de l'année et sur le prix de tout ce qui garnit la maison louée ou la ferme, et de tout ce qui sert à l'exploitation de la ferme, pour tout ce qui était échu et pour tout ce qui était à échoir jusqu'à la fin du bail. Ces dispositions draconiennes mettaient le preneur à la merci du bailleur et annihilaient le crédit qu'il aurait pu trouver sans elles.

La loi du 19 février 1889 portant le titre de : Loi relative à la restriction du privilège du bailleur d'un fonds rural et à l'attribution des indemnités dues par suite d'assurances, est venue restreindre dans une assez large mesure l'étendue que le Code civil donnait au privilège du bailleur.

Cette loi est une épave du projet de loi relatif à l'organisation du crédit agricole mobilier, qui était en préparation depuis 1882.

Un des moyens de cette organisation consistait dans la restriction du privilège du bailleur. En effet le crédit du fermier sera d'autant plus grand qu'il sera moins lourdement grevé par le privilège du bailleur.

La loi de 1889 restreint ce privilège : aux deux dernières années échues, à l'année courante et à l'année qui suit, sans qu'il y ait à distinguer si le bail a ou non date certaine.

Quant aux assurances, la règle, d'après laquelle le droit de préférence s'exerce sur le *prix* de la chose, ne permettait pas au créancier privilégié ou hypothécaire que l'indemnité d'assurance lui fût attribuée par préférence aux autres créanciers. Ce droit ne pouvait lui appartenir qu'en vertu d'une *délégation*, d'une *subrogation* conventionnelle. Aujourd'hui, cette subrogation, la loi du 19 février 1889 la sous-entend, car elle porte : « Les indemnités dues par suite d'assurances contre l'incendie, la grêle, contre la mortalité des bestiaux ou les autres risques, sont attribuées, *sans qu'il y ait besoin de délégation expresse*, aux créanciers privilégiés ou hypothécaires suivant leur rang. »

Cette disposition est excellente. N'est-il pas juste en effet que l'indemnité qui représente dans le patrimoine du débiteur la chose périe, soit employée d'abord à désintéresser les créanciers qui avaient un droit de préférence sur cette chose ? Faut-il aller plus loin dans cette voie et favoriser encore le fermier au détriment du propriétaire ? Ce serait, à notre avis, une mesure dangereuse.

La loi du 19 février 1889 nous semble avoir réduit à d'équitables proportions le privilège du propriétaire. Le restreindre encore en faveur du créancier du fermier, ce serait pousser le propriétaire à exiger de ce dernier des garanties de paiement supplémentaires, et ce serait alors aller à l'encontre du but que l'on se propose.

Si l'on permettait d'enlever au propriétaire les garanties qui lui restent, il se ferait attribuer lui-même les gages nouveaux que la loi aurait créés dans le but d'augmenter le crédit du fermier. Autant il nous semble utile d'assurer à l'agriculture les moyens de se procurer le crédit à des conditions avantageuses et comparables à celles dont jouit le commerce, autant il nous semble nuisible de porter atteinte de nouveau aux droits du propriétaire, restreints dans une mesure équitable par la loi de 1889.

CHAPITRE V

COMMERCIALISATION DES BILLETS A ORDRE.

Les diverses garanties que nous avons brièvement examinées seraient insuffisantes pour asseoir définitivement le crédit de l'agriculture, si on ne donnait au capitaliste la certitude de pouvoir agir rapidement et utilement contre la mauvaise foi du débiteur, car la considération qui détermine la confiance du capital, c'est la certitude d'abord d'être garanti contre l'insolvabilité du débiteur, en second lieu de n'éprouver aucun retard dans le service des intérêts et dans le remboursement du capital. Or, c'est un fait bien connu que l'inexactitude proverbiale du paysan dans ses remboursements. Tel cultivateur, qui se ferait un scrupule de voler un centime, ne croit pas faire tort à ses créanciers en leur faisant attendre pendant des mois leurs capitaux ou leurs intérêts. Actuellement, les seules garanties contre les risques de non-paiement à l'échéance consistent dans une série de moyens de contrainte sur les biens du débiteur.

Mais l'engagement de l'agriculteur est civil, et on connaît les lenteurs et le prix des instances civiles.

Les modifications législatives dont il a été question

jusqu'à présent seraient inutiles, si ces mesures ne recevaient leur complément nécessaire et indispensable dans une réforme ayant pour objet de rapprocher, au point de vue du crédit, l'agriculture des conditions dans lesquelles se trouvent les deux autres branches de l'activité humaine, le commerce et l'industrie. Il nous semble indispensable de tirer l'agriculture de son isolement pour l'assimiler au commerce et à l'industrie, et pour lui ouvrir ainsi la porte du crédit auquel elle a droit. Or, l'agriculture ne peut revendiquer les immunités et les facilités de crédit du commerce, si elle reste en dehors des règles commerciales pour tout ce qui concerne l'exactitude des échéances, la rapidité et l'économie des procédures judiciaires, les variations du taux de l'intérêt. La réforme à faire consisterait à donner un caractère commercial aux engagements des agriculteurs et à les rendre ainsi justiciables des tribunaux de commerce. Cette réforme découle de la nécessité de simplifier et d'abréger les formalités des poursuites dirigées contre le débiteur qui n'exécute pas ses engagements à l'échéance. Elle a pour but de provoquer la confiance des capitalistes et de développer le crédit des non-commerçants, en particulier des agriculteurs.

La doctrine de la commercialisation des billets à ordre peut toutefois revêtir deux formes :

La première, qui donne compétence au tribunal de commerce pour tous engagements des agriculteurs fondés sur une cause agricole.

La deuxième, qui attache la commercialisation à la forme même du titre, sans égard à la cause de l'obligation. Tout titre à ordre relève alors de la compétence du tribunal de commerce, quelle que soit la qualité du signataire. Ce deuxième système nous semble préférable, car il pose une règle applicable à tous.

A un autre point de vue, la commercialisation des billets à ordre pourrait encore avoir une action heureuse sur le crédit agricole en accoutumant les paysans à la régularité dans les paiements et en leur inculquant le respect de l'échéance.

Si l'agriculteur veut profiter des avantages faits au commerce, il faut alors qu'il adopte les habitudes d'exactitude, de ponctualité dans les engagements, de respect des promesses qui ont donné au commerçant tout le crédit dont il jouit à si juste titre.

Est-il sage cependant d'exciter le cultivateur, par de trop grandes facilités, à recourir aux emprunts, quand son éducation commerciale n'est pas faite.

C'est, dit-on, encourager le paysan à acheter de la terre et le conduire ainsi à la ruine.

Cette assertion est contredite par les faits et par la prudence bien connue de nos cultivateurs.

S'ils empruntent, c'est non pour étendre leur patrimoine, mais pour augmenter leurs moyens d'action.

Un fermier qui a un capital d'exploitation de 50.000 fr. a souvent avantage d'augmenter ce capital, pour se procurer des machines plus perfectionnées ou une race de bétail supérieure et plus productive.

Tout l'avenir de l'agriculture est là.

Il faut remarquer, d'ailleurs, que si la terre que cultive ce fermier ne rapporte que 2, 3, 4 0/0 de rente, le capital d'exploitation produit entre ses mains 8, 10 et 12 0/0. Dans un pareil cas, le crédit que pourrait obtenir le fermier en engageant une faible partie de son avoir mobilier serait profitable, non seulement à lui, mais au propriétaire.

Il nous semble donc légitime d'accorder toute facilité de crédit aux agriculteurs et d'admettre les réformes législatives dont nous avons parlé.

Faut-il aller plus loin et étendre, comme certains le demandent, la faillite aux agriculteurs ?

En faveur de cette doctrine, on invoque ce fait que certaines exploitations rurales fonctionnant avec un gros capital, affectent toutes les allures de l'industrie manufacturière.

La terre, a dit M. Méline, est devenue aujourd'hui une grande usine.

Pour ces grandes entreprises agricoles, leur admission à la faillite serait la consécration juridique de leur évolution.

Mais nous ne pouvons admettre cette solution qui ne vise que des exceptions. Ainsi que l'observe notre excellent maître, M. Lyon-Caen, le plus grand nombre de nos agriculteurs sont loin d'être dans cette situation, et il serait bien difficile, sinon impossible, de les traiter comme des commerçants.

Il est encore une considération d'ordre plus juridique qui nous ferait rejeter ce système. En droit commercial, ce n'est pas la nature de l'acte qui réfléchit sur la personne pour imprimer à l'acte le caractère commercial, mais c'est la qualité de la personne qui réfléchit sur l'acte pour le rendre commercial. Par suite, de ce que la commercialisation des billets à ordre rendrait les agriculteurs justiciables des tribunaux de commerce, il ne s'ensuivrait pas que la faillite pût être prononcée contre eux, car la faillite ne peut être déclarée que contre un commerçant qui cesse ses paiements ; or, les commerçants, d'après la définition même du Code de commerce, sont ceux qui font des actes de commerce leur profession habituelle, et ce n'est pas le cas pour les agriculteurs.

SECTION II

LE CRÉDIT MIS A LA PORTÉE DU CULTIVATEUR.

CHAPITRE PREMIER

PAR QUELS MOYENS LE CULTIVATEUR PROFITERA DES RÉFORMES LÉGISLATIVES.

Nous avons indiqué dans une autre partie de ce travail quel était le double objet à réaliser pour arriver à une solution pratique du Crédit agricole.

C'est, d'une part l'amélioration par la loi du gage agricole, et nous avons examiné ce qu'il convenait de faire, à notre sens, pour réformer ce qui dans nos lois pouvait nuire au développement du crédit de l'agriculture.

Supposons ces réformes accomplies, le crédit agricole sera encore loin d'être organisé. Il n'en sera qu'à sa phase de préparation. Il s'agira ensuite de savoir comment le crédit, délivré des entraves législatives qui le gênent et l'enserrent, pourra arriver jusqu'à ceux qui peuvent et doivent en profiter. C'est ici que se place la solution d'un problème qui peut être résolu différemment suivant les pays, les circonstances locales, les mœurs et les habitudes des agriculteurs.

Nous ne faisons pas allusion, en disant cela, à la façon dont doit être résolue la question d'argent en matière de crédit agricole ; c'est un point que nous examinerons plus loin. Il s'agit simplement de savoir par quels procédés, par quels intermédiaires, le cultivateur pourra être mis à même de profiter du crédit qui se dégagera des réformes que nous avons examinées.

Quand le législateur aura rempli son devoir en prêtant à l'agriculture le secours auquel elle a droit, c'est à l'agriculteur lui-même qu'il faudra demander de parfaire cette œuvre.

C'est à l'initiative privée, aux efforts, à l'intelligence du cultivateur qu'il faudra faire appel, pour tirer parti de tous les avantages qui seront mis à sa disposition.

L'exemple que nous offre l'étranger pourra, à cet égard, servir de guide à tous ceux des agriculteurs qui désirent marcher dans la voie du progrès et voir leur situation s'améliorer.

CHAPITRE II

LE CRÉDIT AGRICOLE A L'ÉTRANGER.

En Allemagne, il n'existe aucune société spéciale de crédit agricole proprement dit, c'est-à-dire faisant exclusivement des prêts à l'agriculture ; mais on y trouve des banques foncières et d'autres établissements qui font aux agriculteurs des prêts basés uniquement sur le crédit personnel, en même temps qu'ils prêtent à d'autres personnes.

C'est surtout auprès des sociétés coopératives Schulze-Delitzsch et Raiffeisen que les agriculteurs trouvent des ressources.

Le premier système consiste dans l'association solidarisée des habitants d'un canton ou d'un cercle, qui sont responsables des opérations faites par l'établissement.

Ces banques font des avances à toutes personnes jugées solvables, même aux cultivateurs.

Pour obtenir des avances :

1° Il faut être membre et soutien de l'entreprise ;

2° Il convient d'y fournir un concours intellectuel aussi bien que matériel ;

3° Les fonds nécessaires aux affaires sociales doivent se former des versements au comptant faits par les membres, de cotisations à échéance fixe, de prélèvements sur les bénéfices ;

4° Tous les membres doivent être solidaires pour les dettes.

En un mot, cette association coopérative n'est pas un groupement numérique comme l'assurance, il doit y entrer beaucoup de qualités morales. C'est un mode d'association basé sur la sélection.

Dans le système Raiffeisen, la coopération émane surtout de sentiments chrétiens, charitables ou philanthropiques. Ici point de capital versé, point de cotisations ; le crédit repose uniquement sur le crédit personnel ; les membres de l'association s'engagent seulement d'une façon illimitée à payer solidairement les dettes de la société. Celle-ci emprunte au plus bas taux possible, grâce à cette garantie, et prête à son tour aux membres. Les prêts ne doivent être consentis qu'avec la plus grande circonspection, après le double examen du caractère de l'emprunteur et de l'emploi qu'il veut faire de la somme demandée.

En Italie, les banques populaires sont une combinaison de l'organisme de Schulze-Delitzsch et de celui de Raiffeisen.

On y rejette la responsabilité illimitée des membres, et leur but est « la *capitalisation de l'honnêteté* ». Des précautions sont prises pour que les banques populaires ne perdent jamais leur caractère et ne deviennent pas de simples sociétés de capitaux.

Les caisses d'épargne, qui jouissent en Italie d'une grande liberté pour le placement de leurs fonds, les ont prêtés à ces banques et ont beaucoup aidé à leur succès.

Ces banques escomptent le papier commercial aussi bien que le papier agricole ; la loi italienne n'établit pas de différence entre les effets souscrits par des agriculteurs et ceux qui sont souscrits par des négociants : tous les effets à ordre sont commerciaux.

Cette disposition de la loi, dont l'adoption en France serait si utile, ainsi que nous l'avons montré, facilite beaucoup la solution de la question du crédit agricole. Les avantages de ce système coopératif dû exclusivement à l'initiative privée sont considérables.

Ces banques sont-elles susceptibles d'être introduites en France ?

Nous en doutons, et sur ce point, nous nous rangeons à l'avis de M. Léon Say qui les a étudiées d'une façon approfondie, et qui disait :

« Nous pensons qu'il faut en retenir avec soin les principes qui les ont fait naître : l'initiative, la décentralisation, le dévouement aux intérêts des classes laborieuses et la lutte que tout ce que nous avons vu nous engage à continuer : nous voulons dire la lutte contre le socialisme d'Etat. »

C'est surtout en Ecosse et en Angleterre que les agriculteurs trouvent le plus facilement du crédit.

Les fermiers, en Ecosse comme en Angleterre, sont régis par les mêmes lois que les commerçants ; aussi la condition légale des cultivateurs étant la même que celle des commerçants, les banquiers ne font aucune difficulté pour leur ouvrir des crédits. Dans ces banques, le mode le plus pratique est le crédit à découvert, sans échéance fixe (Cash accounts).

La banque qui peut, à son gré, rendre exigible le montant de ses crédits, les ferme rarement : elle les maintient toutes les fois que les débiteurs paient exactement les intérêts et travaillent à se libérer par petites fractions.

A ce point de vue, du reste, les fermiers écossais peuvent être cités comme des modèles de ponctualité, car ils satisfont à leurs engagements avec la même régularité que les négociants.

CHAPITRE III

LES SYNDICATS AGRICOLES EN FRANCE.

Comment la question de la coopération entre agriculteurs a-t-elle été résolue en France?

On a souvent reproché à nos agriculteurs de méconnaître les avantages de l'association, et l'on oppose volontiers le groupement si fécond des capitaux et des forces dans l'industrie à l'isolement du cultivateur.

Ce reproche adressé à l'agriculture n'est pas entièrement mérité.

Qu'est-ce, en effet, que le métayage, sinon une véritable association, un véritable contrat de société entre le propriétaire foncier et le cultivateur ; de même le contrat de bail à ferme n'est lui aussi qu'un contrat de société, un forfait déterminant à l'avance la part d'un des associés dans le profit d'une entreprise.

Mais ce n'est pas là la seule forme d'association en agriculture.

Les agriculteurs ont su trouver d'autres formes d'association également utiles et fécondes par l'organisation et le fonctionnement des *syndicats agricoles*, créés en vertu de la loi du 21 mars 1884.

Les syndicats agricoles sont des associations formées

librement entre agriculteurs ou personnes exerçant une profession connexe à celle d'agriculteur et concourant à l'établissement des mêmes produits.

Les propriétaires de biens ruraux, soit qu'ils exploitent ou non par eux-mêmes, les fermiers, colons, métayers et préposés à l'exploitation des fonds ruraux, les serviteurs et ouvriers employés à la culture peuvent en faire partie, car tous ils possèdent l'intérêt professionnel qui justifie le groupement syndical.

Le simple dépôt des statuts, avec les noms des administrateurs ou directeurs, fait par les fondateurs à la mairie du lieu où le syndicat est établi, suffit pour qu'il soit valablement constitué.

Il se recrute alors comme il l'entend, l'admission des membres est le plus souvent prononcée par la Chambre syndicale ou par le bureau.

L'administration du syndicat est exercée par un bureau à la tête duquel se trouve placé le président qui dirige l'association et la représente à l'égard des tiers.

Ce bureau est assisté d'une chambre syndicale dont les pouvoirs sont plus ou moins étendus.

Les ressources des syndicats sont formées des cotisations de leurs membres, des dons et libéralités qu'ils peuvent recevoir, des subventions des Conseils généraux, des comices ou sociétés d'agriculture, enfin d'une redevance ou majoration prélevée sur les ventes ou achats qu'ils traitent pour le compte de leurs membres.

Il y a des syndicats agricoles simplement communaux, des syndicats cantonaux, d'arrondissement et enfin de grands syndicats départementaux. Tous ont leurs mérites et aussi leurs défectuosités ; mais il nous semble que le syndicat de canton constitue une excellente unité de circonscription.

Les agriculteurs se connaissent, se rencontrent à chaque instant, se sentent les coudes.

Ils peuvent apprécier réciproquement leur valeur personnelle, la situation de leurs affaires : ils ont des besoins identiques auxquels il est possible de trouver une satisfaction commune.

Leur réussite et leurs progrès incessants démontrent qu'il serait facile d'organiser par canton un syndicat destiné à servir d'intermédiaire entre le cultivateur et l'établissement de crédit.

Il ne suffit pas, en effet, pour établir le crédit agricole de créer un grand établissement où les capitaux s'accumuleraient. Le gage agricole, même avec les modifications législatives que nous avons proposées, ne serait pas une garantie suffisante pour les capitalistes. Dans l'impossibilité de discerner les mauvais emprunteurs des cultivateurs solvables, les capitaux ne se dirigeraient qu'avec la plus grande hésitation vers ceux qui en ont besoin.

La sûreté réelle n'est efficace que si elle se double de sûretés personnelles. Or, l'application de la sûreté personnelle est particulièrement féconde et aisée dans le milieu rural.

Il n'y a que les agriculteurs eux-mêmes, les habitants de la commune habitée par les emprunteurs, ses voisins et ses amis qui soient en mesure de savoir ce que vaut chaque agriculteur, au point de vue du crédit, quelle est sa capacité, sa probité, et par conséquent les chances de remboursement qu'il offre à l'échéance de la dette. Comment un grand établissement financier pourrait-il réunir des informations exactes sur une clientèle de paysans disséminée aux quatre coins de la France ?

Le crédit agricole suppose donc avant tout des relations personnelles entre l'emprunteur et celui qui doit répondre pour lui.

De là l'idée d'organiser le crédit dans les localités mêmes où il doit fonctionner : dans la commune rurale, le canton, en lui donnant pour base le syndicat professionnel, où tous se connaissent, s'apprécient, s'estiment et se trouvent ainsi disposés à se cautionner les uns les autres. C'est, suivant une heureuse formule, le crédit organisé par en bas.

Cette idée a pris une forme dans la loi sur le crédit agricole présentée par M. Méline et votée à la Chambre des députés le 1er mai 1893.

Le principe sur lequel repose l'organisation du crédit agricole dans cette loi est le principe même du crédit mutuel.

Sa particularité consiste en ce que M. Méline veut fonder les sociétés de crédit mutuel en prenant pour base les syndicats agricoles, c'est-à-dire en organisant le crédit par en bas.

Le succès de ces syndicats prouve qu'ils peuvent se développer en France ; les services qu'ils ont rendus et qu'ils rendent sont incomparables : achat des engrais chimiques en gros, vérification des livraisons et des dosages, dépôts d'engrais dans les centres agricoles pour l'approvisionnement des cultivateurs, ce qui procure une baisse de prix de 20 à 30 0/0.

Bien rarement, les achats et les engagements sont impayés ; les populations agricoles, grâce à la pratique des syndicats professionnels et à la propagande qu'ils ont exercée autour d'eux, sont devenues mûres pour l'organisation du crédit agricole.

Les syndicats ont également contribué à développer l'instruction professionnelle des cultivateurs, et c'est là, à notre sens, le préliminaire de toute organisation de crédit agricole ; tous leurs efforts doivent tendre à l'amélioration des méthodes d'exploitation du sol au moyen de champs d'expériences et de démonstration.

En outre, les conférences agricoles, les concours agricoles, les primes accordées aux agriculteurs seront d'un puissant concours pour augmenter le succès d'une institution qui s'étend de jour en jour dans le pays.

Ce qui manque à ces syndicats, c'est le crédit. Le projet de M. Méline essaie d'y remédier en donnant aux syndicats agricoles la faculté de se constituer en sociétés de crédit mutuel pour faciliter et garantir les opérations de toute nature rentrant dans leurs attributions.

Il s'agit, en un mot, de se servir des associations permises par la loi de 1884 pour réaliser le crédit rural mutuel. Les syndicats actuels pourraient fonder à côté d'eux des sociétés communales de crédit ; désormais le simple dépôt des statuts modifiés du syndicat transformé en société de crédit devrait suffire.

En résumé :

1° Fonder et développer le crédit rural mutuel, tel est le but que l'on nous montre ;

2° Utiliser les associations déjà formées en leur donnant toutes les facilités possibles pour étendre leur champ d'action et multiplier leurs services, tel est le moyen proposé.

A notre sens, cette réforme n'est qu'un leurre. Comme pour pouvoir faire crédit aux autres, il faut posséder soi-même, on est amené à se demander où les syndicats, ainsi transformés en sociétés de crédit, pourront trouver les fonds nécessaires pour faire des prêts.

Il nous semble que ce n'est pas cette loi qui pourra résoudre cette difficulté.

Depuis longtemps, les syndicats agricoles font les opérations auxquelles les convie M. Méline ; achat d'engrais, de semences, de machines, etc. Que leur manque-t-il pour étendre leurs opérations ? Il leur manque l'argent, le crédit.

Or, ce n'est pas par la transformation nominale des syndicats en sociétés de crédit qu'on apportera aux agriculteurs le crédit qu'ils n'ont pas par eux-mêmes.

Pense-t-on que l'association exclusive d'hommes qui, par leur situation, par leurs propres ressources, ne peuvent obtenir ce crédit, leur permettra de l'obtenir plus aisément !

Le crédit, l'argent, il faudra toujours aller le chercher là où il se trouve ; il faudra le tirer d'ailleurs que de ce syndicat ; il faudra avoir recours à une banque recueillant l'épargne, possédant des capitaux et les apportant à l'agriculture.

Nous pensons que l'agriculture réclame un organisme financier spécial, dont l'organisation doit se faire concurremment avec le développement et l'institution des syndicats agricoles cantonaux.

CHAPITRE IV

Les syndicats agricoles n'en seront pas moins des agents efficaces de cet organisme financier.

En leur refusant le rôle d'instrument de crédit qui, à notre sens, risquerait de compromettre leur cause même, les syndicats agricoles ont encore, pensons-nous, un rôle utile et efficace à remplir :

1° Au point de vue agricole, ils peuvent, par leur extension dans chaque canton, contribuer à la diffusion des connaissances agricoles, s'employer à l'éducation financière des paysans, afin de leur faire toucher du doigt les résultats financiers qui résulteront pour eux de l'emploi des méthodes nouvelles et du développement des capitaux d'exploitation.

2° Au point de vue du crédit proprement dit, leur rôle essentiel doit consister à servir d'intermédiaire entre les cultivateurs et l'instrument de crédit à créer, et dont nous parlerons dans une autre partie de ce travail.

Leur mission principale sera de fournir eux-mêmes, par le principe de la solidarité, la solvabilité, la garantie morale et réelle qui fait parfois défaut aux cultivateurs isolés.

Les exemples venus de l'étranger nous ont montré les résultats merveilleux de la coopération.

Ce même principe devra dominer la formation des syndicats cantonaux. Leur rôle sera, non pas de fournir des capitaux à leurs membres, mais d'avaliser les billets présentés par les cultivateurs, jugés dignes d'intérêt ; en second lieu, de faire escompter ces billets par l'établissement de crédit, qui, seul, peut être en mesure de fournir à l'agriculture les capitaux dont elle a besoin.

Le rôle des syndicats se résume donc à fournir leur caution aux prêts consentis.

Les membres du syndicat formeront entre eux une société et s'engageront réciproquement à garantir les dettes contractées par chacun des membres, et pour des travaux exclusivement agricoles, jusqu'à concurrence d'un maximum de crédit à déterminer pour chaque unité. La responsabilité se trouvera donc limitée, ce qui n'empêchera pas la solvabilité des intéressés de se trouver ainsi parfaitement établie.

Les syndicats cantonaux, répartis sur toute la surface du territoire, embrassant des circonscriptions limitées, connaissant parfaitement tous les cultivateurs associés, sauront discerner ceux auxquels on pourra ouvrir des crédits en vue d'opérations culturales et d'achats connus à l'avance.

Ils n'accepteront donc et n'endosseront que le papier des cultivateurs présentant les garanties voulues.

Dans le village, en effet, chacun se connaît, aucune

dissimulation n'est possible, et si l'on nous permet cette expression, il est impossible, comme dans la grande ville, de jeter de la poudre aux yeux de son voisin. De là pour chaque paysan, dit M. Méline, une aptitude à pouvoir répondre pour lui, cautionner ses engagements, sans courir presque aucun risque.

En outre, par suite de leur responsabilité pécuniaire, les syndicats auront tout intérêt à ne pas faciliter le crédit à des agriculteurs besogneux ou de mauvaise foi.

Quant à l'organisation de ces syndicats, c'est à l'initiative privée qu'il faut en laisser le soin.

Dans nos provinces, il ne manque pas d'hommes de progrès qui ont le sentiment des charges sociales qui s'imposent à eux et l'on peut être certain que leur concours ne fera pas défaut à de semblables créations.

Ils devront comprendre, en dehors des petits cultivateurs qui viendront demander à la société les secours et les avantages qu'elle procurera, les citoyens les plus éminents, sans distinction d'opinion, les grands propriétaires fonciers, les présidents des sociétés d'agriculture, enfin tous les hommes dévoués au bien public, connus, expérimentés, jouissant de l'estime et de la considération de leurs concitoyens.

C'est par des rapports constants, journaliers avec les populations rurales que ces syndicats arriveront à s'implanter dans les mœurs, dans les habitudes du cultivateur, à détruire cette routine et cette ignorance qui sont un des plus grands obstacles à l'organisation du crédit agricole.

SECTION III

LA QUESTION D'ARGENT DANS L'ORGANISATION DU CRÉDIT AGRICOLE.

La question d'argent est secondaire, croyons-nous, en matière d'organisation du crédit agricole ; néanmoins, il importe de savoir à quelles sources doit s'alimenter le crédit agricole et notre travail eût été incomplet, si nous n'avions dit quelques mots sur les principes généraux qui doivent régir le système financier à appliquer au crédit agricole.

Quels organes conduiront à l'agriculture les capitaux dont elle a besoin ?

Quelles qualités doit remplir la personne du prêteur ?

Tel est le point où doit aboutir cette étude sommaire sur le crédit agricole.

Il ne suffit pas, en effet, d'organiser des garanties, des sûretés pour faciliter les prêts aux agriculteurs ; on n'aura créé qu'un fantôme de crédit agricole tant que les syndicats agricoles ne sauront où prendre l'argent pour le procurer à leurs membres.

Il s'agit maintenant de créer les capitaux, car on ne doit pas ignorer que, si les garanties sont la première condition du crédit, les capitaux sont l'élément essentiel de son fonctionnement.

Comment se résout la question du prêt ? Deux personnes sont en présence : le prêteur et l'emprunteur ; le premier se demande : à qui prêterai-je mon argent ?

Et le second se dit : à qui demanderai-je de l'argent ? Il y a donc deux désirs qui se cherchent sans se connaître, et leur rencontre est soumise à toutes les incertitudes du hasard.

Supposons un intermédiaire entre le capitaliste et l'agriculteur : les demandes vont se rencontrer, le contrat de crédit va se nouer.

Cet intermédiaire se mettra directement en rapport avec les capitalistes et opérera vis-à-vis d'eux comme un emprunteur ; d'autre part, il pourra entrer en relations avec les producteurs et agir envers eux comme un prêteur. Son rôle est double : il emprunte et prête à tour de rôle.

Cet intermédiaire, c'est le banquier. Sa caisse est comme un réservoir où viennent se déverser les capitaux en quête d'emploi, où viennent puiser d'autre part les producteurs en quête de capitaux.

L'argent disponible prend ainsi naturellement le chemin de la banque, parce qu'il sait qu'il y sera reçu, et le producteur vient aussi naturellement à la banque, parce qu'il sait y trouver de l'argent disponible.

Mais, objecte-t-on, le prêt direct du capitaliste au cultivateur n'est-il pas plus commode, plus utile et plus avantageux ?

Nous ne le pensons pas et cela pour plusieurs raisons :

1° Le capitaliste ignore le besoin actuel d'argent éprouvé par le cultivateur ;

2° Le capitaliste cherche, en général, un placement de quelque durée.

Or, le cultivateur qui emprunte en vue d'une opération agricole déterminée devra, s'il est prudent, se libérer après l'achèvement de cette opération, c'est-à-dire au bout de 3 mois, 6 mois, 9 mois, 1 an, rarement davantage ; or ces courts délais conviennent peu au désir des capitalistes ;

3° En général, le capitaliste cherche le placement de la totalité de ses capitaux disponibles, et il arrivera souvent que le cultivateur n'aura besoin que d'une fraction de ses capitaux ;

4° Enfin le capitaliste craindra d'aventurer ses capitaux dans une opération unique et sur un seul débiteur.

Toutes ces raisons font que le prêt agricole ne réunit pas les conditions de *régularité* et de *durée* habituellement cherchées dans les prêts directs des capitalistes aux emprunteurs.

Le système de la banque reste dès lors l'instrument de crédit par excellence pour les prêts agricoles.

Par la banque, toutes les imperfections que nous avons signalées à l'égard du crédit direct disparaissent.

Reste alors la question de savoir à quel établissement financier doit être confiée la mission de faire des prêts à l'agriculture.

D. — 6

Il n'entre pas dans notre programme d'examiner toutes les propositions qui ont été émises au sujet de cette organisation. Il nous semble cependant indispensable de dire quelques mots des prêts consentis aux agriculteurs par nos banques coloniales, placées sous le contrôle de l'Etat, et des projets ayant pour but de donner mission à la Banque de France d'organiser en France le crédit agricole.

Dans la plupart de nos colonies, les banques sont autorisées à consentir des prêts aux agriculteurs sur récoltes, sur les machines agricoles, en un mot sur la garantie du capital d'exploitation. C'est l'application du principe du nantissement sans déplacement du gage. Nous dirons plus loin pour quelles raisons nous ne pouvons approuver ce mode de crédit.

Nous pouvons étudier l'un des procédés de ce système dans l'arrêté pris par M. Fourès, gouverneur général par intérim, qui, à la date du 11 janvier 1897, autorise la banque de l'Indo-Chine à faire aux agriculteurs des prêts sur récoltes aux conditions suivantes.

Toute commune dont un ou plusieurs inscrits voudront jouir du bénéfice des prêts devra adresser, par l'intermédiaire des chefs de provinces, des commandants de cercles ou des commissaires du gouvernement, une demande au directeur de la banque de l'Indo-Chine, en énonçant les noms des propriétaires demandeurs, la situation exacte des terres, leur contenance, la nature de la culture et les origines de la propriété, ainsi que l'évaluation de la récolte, la somme demandée et l'engagement de rembourser la valeur du prêt total dans un délai de six mois. Toutefois, le délai de remboursement pourra, si la demande en est faite, être prorogé jusqu'à l'achèvement de la récolte.

Le secrétariat général auquel seront envoyées ces demandes appréciera et fixera le montant du prêt à effectuer, et ces formalités remplies, une expédition sera adressée à la banque, la seconde sera rendue au village et la troisième restera entre les mains des résidents ou des commandants de cercle.

L'administration, devenue responsable vis-à-vis de la banque de l'Indo-Chine par le seul fait de l'enregistrement de la demande, recevra aussitôt un bon à payer qui représentera le montant de la demande faite.

Les emprunts faits ainsi par chaque commune ne pourront dépasser le *tiers* de la valeur de la récolte de chaque emprunteur.

Le taux annuel de l'intérêt à payer sera de 8 0/0 sur lequel la banque fera une ristourne de 2 0/0 au protectorat pour le couvrir de sa garantie.

Les recouvrements seront faits par les notables entre les mains des résidents ou commandants de cercle, et dans les cas où les emprunteurs ne seraient pas en mesure de rembourser les avances après un délai de quinze jours, ces mêmes notables auront à faire vendre les récoltes, ou, si ces récoltes ne suffisent pas, le fonds lui-même jusqu'à concurrence de la somme avancée.

Examinons maintenant le projet de loi récent portant prorogation du privilège de la banque de France, et dans lequel il est prévu que les bénéfices résultant pour l'Etat de la convention avec la banque seront employés à l'organisation du crédit agricole.

Dès 1891, M. Méline avait déjà demandé à ajouter à l'article 9 des statuts fondamentaux de la banque un paragraphe par lequel elle était autorisée : « à escompter dans les mêmes conditions les lettres de change et autres effets de commerce à ordre qui seront présentés par les associations syndicales et autres notoirement solvables. »

La loi sur la création des sociétés de crédit agricole contient aussi cette disposition, mais elle ne suffit pas pour donner à l'agriculture le crédit qui lui fait encore défaut de nos jours.

Nous avons vu, en effet, que son crédit, c'est-à-dire la confiance qu'on pourrait lui accorder, est entravé par des dispositions législatives qu'il faudrait préalablement modifier.

Actuellement, la banque de France, même avec les dispositions contenues dans la loi du 6 novembre 1894, ne peut faire du crédit agricole que dans les mêmes conditions que celles qu'elle offre à tout le monde. Peut-on, sans danger, aller plus loin et faire des avantages spéciaux à l'agriculture, comme, par exemple, d'accepter les papiers à plus de 90 jours et à deux signatures ?

Nous ne le pensons pas.

La constitution même de la banque nous semble incompatible avec les opérations de l'agriculture, qui, nous l'avons vu, exigent des délais de trois mois à un an. Avec le crédit organisé spécialement pour l'agriculture, la banque de France se heurterait inévitablement à ces deux difficultés :

1° Prolongation des échéances ;

2° Papier à deux signatures.

Or, ces deux mesures pourraient porter au crédit de la banque un coup fatal, et, d'autre part, il serait impossible de favoriser une catégorie de citoyens, les agriculteurs, sans accorder les mêmes avantages à ceux qui en seraient privés.

En outre, comment éviter la fraude et empêcher que pour profiter de ces facultés spéciales, on ne donne à un papier quelconque l'apparence d'un papier agricole ?

Il est encore d'autres considérations aussi importantes, mais d'ordre plus général, qui s'opposent, selon nous, à l'organisation du crédit agricole par les banques d'émission en général et par la banque de France en particulier.

Ainsi que nous l'a démontré notre dévoué et distingué professeur d'affaires de banque, M. R.-G.-Lévy, une banque d'émission doit avoir toujours ses fonds disponibles, et elle doit se faire une loi de ne posséder dans son portefeuille que des effets d'un remboursement certain et à courte échéance.

Comment concilier ce principe avec les longues

échéances que comportent, en général, les opérations agricoles ?

Les banques d'émission qui, comme nos banques coloniales, escomptent du papier agricole, s'exposent d'abord aux non-paiements des billets à l'échéance, sans pouvoir exercer contre les débiteurs les moyens d'exécution rapides et rigoureux employés pour les papiers commerciaux ; elles sont ainsi contraintes de devenir parfois, à la suite de poursuites judiciaires, acquéreurs de domaines importants, ce qui a pour effet d'immobiliser une partie de leur capital et de priver ainsi le crédit d'une partie des ressources auxquelles il a droit et sur lesquelles il compte.

Enfin, éventualité plus grave, il expose la banque à ne pas disposer de la totalité de ses fonds, quand, dans un moment de crise et de panique, la foule se presse en masse à ses guichets pour demander le remboursement de ses billets.

Si, actuellement, la banque de France fait des opérations de crédit agricole dans les pays d'élevage comme la Nièvre et le Calvados, qui montent à plusieurs millions, s'il lui arrive même d'accorder des renouvellements successifs, ces opérations ne présentent aucun danger parce qu'elles sont facultatives; mais elles deviendraient funestes, si elles prenaient un autre caractère, si elles devenaient obligatoires en vertu des statuts de la banque, et si elles s'imposaient à elle, même en temps de crise.

CONCLUSION

C'est donc ailleurs qu'il faut chercher la solution du crédit agricole, et bien que, dès le début de ce travail, nous ayons annoncé notre intention de ne pas étudier les systèmes d'organisation pratique du crédit agricole, il nous semble difficile de ne pas donner une courte conclusion aux principes économiques, juridiques et financiers que nous avons examinés. La conclusion à laquelle nous arrivons est donc la suivante :

Le crédit agricole peut et doit se constituer par le concours d'une banque centrale et des syndicats agricoles.

Il s'agit de modifier le mouvement de l'argent ; cela ne peut être l'œuvre d'un jour.

La commodité du placement en valeurs de bourse, le séjour des villes, l'absentéisme des personnes et des capitaux dans les campagnes, tout contribue à l'emploi des capitaux dans l'industrie.

Pour ramener les capitaux à des emplois agricoles, il faut à la fois le concours et du cultivateur et du législateur.

Au législateur, il faut demander la modification des dispositions législatives qui empêchent le crédit rural d'avoir les mêmes facilités et les mêmes avantages que le crédit commercial et industriel.

Au cultivateur, il faut inculquer l'idée, par la diffusion des connaissances agricoles, par son éducation financière, que son intérêt bien entendu lui commande de se débarrasser de son esprit de routine, pour adopter les nouvelles méthodes d'exploitation qui accroîtront son revenu et son bien-être.

Aux syndicats agricoles, il faut demander de se faire les propagateurs de ces idées de réforme d'éducation professionnelle et intellectuelle des paysans.

Le crédit qu'ils ne peuvent dispenser par eux-mêmes, ils le trouveront auprès d'un établissement de crédit, si par l'association des membres, par le groupement des intéressés, ils offrent les garanties matérielles et morales que chacun d'eux, isolément, serait incapable de réaliser.

Ils recevront le papier des mains des cultivateurs associés, s'assureront avec précision de l'emploi exclusivement agricole qui doit être fait de l'emprunt, détermineront le crédit maximum, qui, dans chaque cas déterminé, sera accordé à tout emprunteur, et, ces conditions remplies, ils avaliseront le billet de l'agriculteur et lui donneront une garantie en toute connaissance de cause.

Après l'accomplissement de ces formalités, le papier sera présenté à l'escompte de l'établissement de crédit.

Quel sera cet établissement de crédit?

A notre avis, ce ne peut être la banque de France.

Ce ne peut être non plus une banque d'État fonctionnant avec les ressources générales du budget.

Notre conviction est qu'il n'existe, en France, qu'un seul établissement de crédit, qui puisse assurer avec avantage et succès le fonctionnement du crédit agricole.

Cet établissement est le Crédit Foncier.

Nous voyons en lui non seulement un intermédiaire chargé d'opérer la transformation de la dette hypothécaire, mais le pivot auquel doivent venir se rattacher toutes les autres institutions ayant pour objet l'amélioration de la propriété foncière rurale.

Lui seul peut devenir pour l'agriculture ce qu'est aujourd'hui la Banque de France pour le commerce et l'industrie ; il constitue l'instrument du crédit territorial par excellence.

Qu'on ne nous dise pas que le taux d'intérêt des capitaux qu'il pourrait prêter à l'agriculture serait trop élevé. La diminution progressive du taux d'intérêt, par suite de l'abondance des capitaux, le met à même de se procurer de l'argent à meilleur marché et lui permettra ainsi de diminuer de même la rémunération attachée à chacun de ses prêts.

Notre opinion, du reste, est basée sur l'expérience du passé. Une société de crédit agricole a déjà fonctionné, pendant des années, sous les auspices du Crédit Foncier. D'où vient qu'elle n'a pas réussi ? Ce qui a surtout amené sa chûte, ce sont les grosses pertes qu'elle a subies dans des affaires de banque, dans des entreprises financières et dans des participations à des emprunts d'Etat étrangers.

Nous sommes, sur ce point, de l'avis de M. J.-B. Josseau qui dit :

« On ne peut arguer de cet exemple pour dire qu'une institution de ce genre ne saurait réussir en France. La vérité, c'est que l'expérience n'a pas été faite, puisque la société qui avait été fondée dans ce but a été détournée de sa véritable mission par de hautes imprudences et par le défaut d'une surveillance sérieuse de la part de son gouvernement. »

L'agriculture réclame un organisme financier spécial ; il est indispensable que les agriculteurs soient bien convaincus que lorsqu'une banque agricole sera fondée, ce sera un établissement uniquement créé pour répondre à leurs besoins ; c'est ainsi seulement qu'on arrivera à les habituer au maniement du crédit et à les familiariser avec les questions financières.

Arrivé au terme de cette étude, nous n'avons pas la prétention d'avoir fait une œuvre définitive, d'autant plus que nous nous réservons la faculté d'étudier plus complètement les voies et moyens susceptibles d'assurer le fonctionnement du crédit agricole par le Crédit Foncier. Nous nous sommes borné ici à mettre en lumière et à développer des idées conformes aux données scientifiques ; ce sera peut-être pour plus compétent que nous des renseignements qui permettront un jour de faire œuvre plus utile.

TABLE DES MATIÈRES

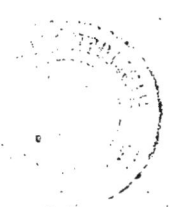

Imp. G. Saint-Aubin et Thevenot. — J. Thevenot, successeur, Saint-Dizier.

Imp. G. Saint-Aubin et Thevenot. — J. Thevenot, successeur, Saint-Dizier (Hte-Marne).

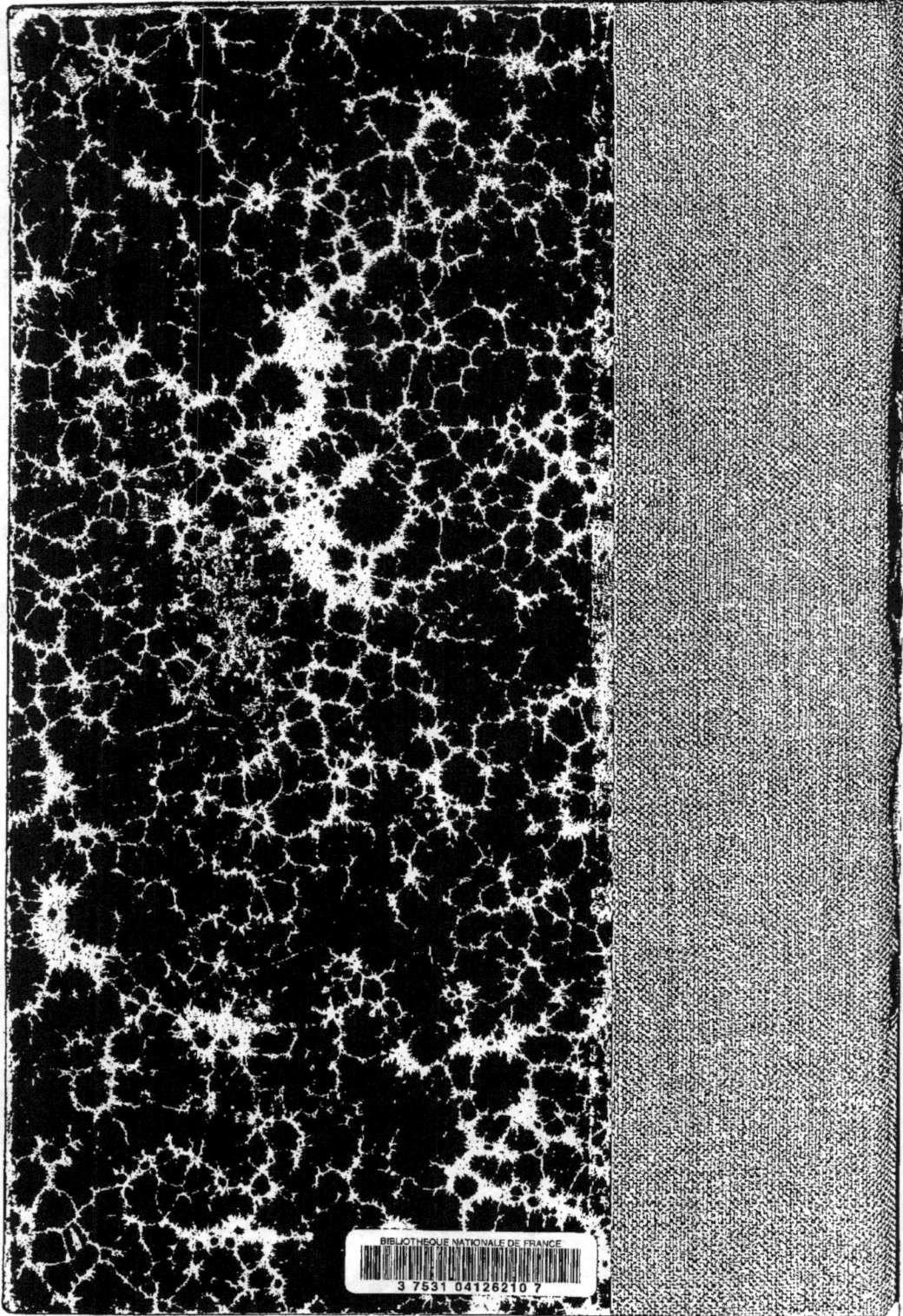

www.ingramcontent.com/pod-product-compliance
Lightning Source LLC
Chambersburg PA
CBHW071459200326
41519CB00019B/5797